JN203892

読みなおす日本史

飢餓と戦争の戦国を行く

藤木久志

吉川弘文館

目　次

はしがき……九
飢餓と戦争／災害の中世

一　中世の生命維持の習俗……三
はじめに　三
1　飢饉奴隷の習俗―飢饉のときの人の売り買い　二六
非常時の時限立法／餓死よりは奴隷に
2　飢饉出挙の習俗―泰時伝説の裏に　三
非常時の貸し渋り対策／国家規模の対策／「富める者」を動かす
3　自然享有の習俗―山野河海の開放　元
非常時の領主権／「世間の習い」の伝統
4　田麦の習俗―二毛作の裏に　四
田麦は百姓のもの／近世の田麦習俗
おわりに　哭

二　応仁の乱の底流に生きる……四九
　―飢饉難民・徳政一揆・足軽たち―
はじめに　四九
1　首都を目ざす飢饉難民　五一
都へ流れ込む難民たち／寛正の大飢饉／飢餓のなかのサバイバルの仕組み／有徳人待望論／なぜ生産地が飢えるのか
2　首都に迫る徳政一揆　六三
餓死か一揆か
3　首都を襲う足軽　七六
土一揆から足軽へ／足軽の大将たち／略奪品で市が立つ／足軽と号す
おわりに　八四
土一揆の破壊性をどうみるか

三　戦場の村……九〇
はじめに　九〇
1　飢餓の戦場　九〇
戦火と飢えと／広がる災害／田畠を荒らす

2　村の制札、村の避難所　九七
村の抵抗の伝承／村の避難所
3　武装する村・一揆する村　一〇一
武装する村／一揆する村／傭兵の軍隊
4　凶作と戦禍を生き抜く　一〇六
不作・凶作／あいつぐ村の災害／戦火の国境／村を捨てる渡り奉公人たち／村に平和を／還住の制札
おわりに　一一三
四　村の武力と傭兵……一二三
はじめに　一二三
1　ある村の乱世—駿河の『大平年代記』から　一二四
兵士に抵抗する村人／『年代記』の秘密
2　村の禁制と手柄　一二八
禁制と村の武装／村が兵士を処刑する／身構える村
3　武装する被差別民　一三四
傭兵たちの面影／武装する被差別民

4　近世の村の武力像　一四一
村の盗賊取締令から／博多の松原の番
おわりに　一四五

五　九州戦場の戦争と平和……一四六

はじめに　一四六
1　九州の平和から日本の平和へ　一四七
秀吉の平和令／九州制圧
2　奴隷狩り・疫病・飢餓　一五〇
フロイスのみた戦場／世界の奴隷貿易とつながる／戦場の疫病と飢餓と
3　武装し自衛する戦場の村　一五九
フロイスのみた武装する村人／百姓の城上がり／領主の城に避難する村人
4　大名滅亡の惨禍　一六七
村を捨てる失人たち／村をどう復興するか
おわりに　一七二

六　中世の女性たちの戦場……一七五
はじめに―戦争と女性をどうみるか　一七五
1　中世戦場の女性論によせて　一七六
女性はいつも被害者か／略奪と戦う女性たち
2　戦場の女性の奴隷狩り　一八二
描かれた戦場の女性たち／戦場の奴隷狩り／さらわれる女性たち／朝鮮侵略と女性の奴隷狩り
3　戦場の城に籠る女性たち　一九一
領域ぐるみの抵抗策／戦う女性たち
4　奪われた女性たちの行方　一九五
戦場の性暴力のあと／略奪の後に／近世初期の村の飢饉奴隷たち／長崎の町に住む朝鮮の女性たち／海外に売られた女性たち
おわりに　二〇五
あとがき……二〇七
参考文献・注　二一〇
初出一覧　二一八

日本中世の旱魃・長雨・飢饉・疫病年表　二一九
飢饉出挙の伝承―北条泰時伝・断章……………………………………二四〇
「人間史」の構想―藤木久志の学問―　清水克行……二五三

〔カバー〕
兵士に襲いかかる農民たち
川中島合戦の戦場に近い村の農民たちが、上杉軍の兵士を襲い、食料などを奪っている。中世の村は普段から武装し、自分たちの生活を守るため集団で行動した。（『紀州本川中島合戦図屏風』和歌山県立博物館蔵）

はしがき

飢餓と戦争

　七度の餓死に遇うとも、一度の戦いに遇うな。

これは、日本で飢饉と戦争の深刻さを言い伝えた、衝撃的なことわざです（『岩波ことわざ辞典』）。あいつぐ餓死を逃れるのも大変なことだが、その餓死に七度あうより、一度、戦争にあう方がもっと悲惨だ、というのです。また「三度の飢餓に遇うとも、一度の戦に遇うな」ともいわれていた、といいます。

この辞典の編者は「何万もある日本のことわざのなかでも、おそらくこれほど明確に戦争を嫌い、拒むものはないであろう。その意味でも貴重で珍しい。反戦思想の一つとして読むこともできるかもしれない」と語っているほどです。

この言い伝えとよく似た表現は、幕末福島の百姓一揆の指導者とされた、菅野八郎が戊辰戦争の体験や動向を綴った『八老独年代記』（慶応四年）にも引かれています。

　世話にも、七年の飢饉に逢ふとも、壱年の乱に逢ふべからずとは、むべなる哉。

（日本思想大系『民衆運動の思想』岩波書店、一六〇頁）

というのがそれです（出典は須田努氏のご教示による）。

ここに「世話」というのは、世の中のことわざやたとえ話という意味です。幕末の飢饉と戦争をともに体験した著者が、もっと昔からの深刻な歴史の記憶を思いだして、ほんとうにその通りだ（「むべなる哉」）と述懐しているのです。

おなじことわざは、ほかのことわざ辞典類（『故事俗信ことわざ大辞典』小学館、など）にも採られていますから、よほどよく知られていた様子です。小学館版の出典は、古い『仙台市史』や『宮城県史』です。しらべてみますと、それぞれの自治体史にはともに、歴史の史料としてではなく、民俗語としておさめられています（仙台市博物館長佐藤憲一氏のご教示による）。激しい飢饉のあいついだ東北地方の民俗世界（菊池勇夫『飢饉の社会史』校倉書房、一九九四年ほか）に、一度の戦争が七度の飢餓よりもはるかに恐ろしいものとして、語り伝えられていたという事実に、私はあらためて深い衝撃をおぼえます。

これまで私たちは、それほどの深刻さで、日本中世の戦争や飢饉をとらえたことがあったでしょうか。長く言いふらされた民俗語である以上、こうした「言い伝え」が、いつ、どこで生まれたか、を特定するのは無理です。しかし、中世の戦争が終わって平和の訪れた江戸時代を通じて、民衆世界に格言として語り継がれていた、という事実だけはまちがいありません。

「飢饉も恐ろしいが、戦いの方がもっと悲惨だ」。私たちの意表をつくこの格言の真実を、ことに飢餓と戦いの続いた日本の中世史のなかに探ってみよう。それがこの本のねらいです。

なお、近世史家の福田千鶴さんによれば、江戸時代前期の儒者として知られた貝原益軒が「世間に多く人を殺すこと四あり」といい、それは「刑・兵・歳・病なり」と語っていたといいます。もっとも多くの人を殺すのは、裁判（死罪）・戦争・飢饉・疫病の四つで、それは世の君主として、もっとも忌避すべきことだ、というのです（「江戸時代前期の政治課題」『史料館研究紀要』二五、一九九四年、『幕藩制的秩序と御家騒動』校倉書房、一九九九年）。このうち、戦争・飢饉・疫病の三つが本書の主題になります。

さて、日本の十一世紀から十六世紀末まで、五〇〇年間の改元（年号を変える）回数を数えますと、一五二回ほどにのぼるのですが、そのうち凶事つまり天変地異（飢饉など）や兵革（戦争）を原因とするものだけでも、九六回（約六三パーセント）にのぼります。中世の改元の過半には、なんとか飢饉をはじめ災害や戦争から抜けだしたいという、「世直し」の願いがこめられていた、というべきでしょう。フランス中世でも「領主様、飢餓と黒死病と戦争からわれわれをお救いください」と祈られるのが常だったといいます（近江吉明『黒死病の時代のジャックリー』未来社、二〇〇一年）。

戦争と飢饉といえば、中世初めの内戦がよく知られています。たとえば、十二世紀後期の源平合戦といわれた大戦争のさなか、治承四～五年（一一八〇～八一）の史料には、「兵乱・旱魃（かんばつ）・天下飢饉・

疫癘・餓死」（『皇年代略記』）とか、「関東の乱逆で、天下は飢饉に襲われ、兵粮まで尽きてしまった」（『玉葉』）という惨状が語られていたのです。そのさなかに年号が養和から途中で寿永に変わった一一八二年の改元も、「兵革（戦争）・飢饉・疫疾」が原因でした。古代以来の「改元」には、しばしば、平和と安穏という、切実な世直しへ願いがこめられていたのでした。

源平合戦の戦争が終わった十二世紀末でも、各地では、この「天下の騒動」によって、いっそう田畠が荒廃し、村々から百姓（土民）の姿がなくなってしまった（『鎌倉遺文』二〇九）とか、「天下騒動」で、いたるところが戦場（軍地）となり、「人民百姓」はみな「逃散」してしまった（『鎌倉遺文』二二五）とか、敵の追討の戦いによって、「人民の餓死」が一年から二年にもわたった（『鎌倉遺文』七二七）、といいます。

つまり、源平合戦の戦いは、天下の騒動と呼ばれる大がかりな内戦となり、折からの飢饉災害とあいまって、田畠を荒廃させ、百姓を逃散させ、人々を何年も続く餓死に追い込んでいたのです。飢饉と戦争は深く結びついていた、とみなければなりません。

その後に起きた十三世紀初頭（一二二一年）の承久の乱も、各地に深刻な影響を与えました。地頭がクビになり、百姓は落ちぶれて、「一庄滅亡、言語同（道）断」といわれ、年貢はまるで納まらない（『鎌倉遺文』二九二二）とか、「兵乱の損亡はこの荘園だけにとどまらない」（『鎌倉遺文』二九九一）というひどいありさまでした。この年（一二二二年）も炎旱（旱魃）が理由で、年号が承久から貞応に改められました。

南北朝の内乱の初期、建武三年（一三三六）にも、「兵乱・飢饉・人民餓死」（『産福寺年代記』）といわれるなか、戦争のために南朝では建武から延元へと年号が改められていました。「建武の飢饉」のさなかのことです。それから二年後、北朝でも、あいつぐ戦争をのがれようと「暦応」と年号が改められ、「京中の飢饉はおびただしく、餓死するひとも数知れないほど」（『妙顕寺文書』）ともいわれました。やはり戦争と飢饉と改元のあいだに、深い関係があったことは、疑いようもありません。室町・戦国期の実情については、後に詳しくご紹介しましょう。

災害の中世

飢餓と戦争には深いつながりがあったにちがいない。その予感を確かめるために、私はほぼ八年ほどかけて、中世の飢餓をひきおこす災害にかんするデータベース作りを続けてきました。

きっかけは、あの平成五年（一九九三）の冷夏による東日本の大凶作でした。その衝撃のなかで私は、自分が中世の厳しい凶作事情をまったく知らず、ただ無事安泰な中世像ばかり描いてきたことを反省し、その年から私は、日本中世の災害情報を集める作業をはじめたのでした。中世の記録や古文書に旱魃や長雨、疫病や飢饉にかかわる記事を見つけると、そのつど、原文を抜きだしパソコンに入力して、年表風にデータベース化してきたのです。

本書には、これまでに集まった、中世だけで七〇〇〇項目余りのデータベースから、とりあえず、中世のはじまりの戦争といえる保元・平治の乱の直前（一一五〇年）から、中世の終わる関ケ原合戦（一六〇〇年）までの、四五〇年間の主な災害情報だけを、できるだけ生々しい原文のまま、コンパクトな形でとりだして、一年ごとに年表風にまとめてみました。巻末の「日本中世の旱魃・長雨・飢饉・疫病年表」がそれです。

はじめに、これを分析して、中世の飢餓の実情をおおまかに確かめてみよう、というのです。まずは飢餓の記事にご注目いただくために、この年表では、とくに太字にしてあります。この太字だけを年ごとに目で追っていくと、中世の飢餓の実情が、つよい迫力をもって浮かび上がってきます。だから読者の方には、本書を読み進められる前に、まずこの巻末の年表で、太字＝飢餓の情報をざっと眺めておいていただきたいのです。

この年表から私の感じたことを、いくつか挙げてみましょう。

まずたとえば、表示した四五〇年分のうちに、飢饉は一六九件（二・七年に一回）、疫病は一八二件（二・五年に一回）で、その多くが同時に起きていて、その重複するのも合わせますと、およそ四〇〇回余りにのぼります。これをおおまかに平均しますと、中世の社会では、記録されるほどの飢饉と疫病はともに、ほとんど毎年のように起きていたことになります。

つぎに角度を変えて、この年表で、中世の四五〇年間を、仮に前半（源平合戦〜応仁の乱）と、後半（応仁の乱〜関ケ原合戦）に分けて、飢饉と疫病の分布をごくおおまかにみます。すると、前半（鎌倉・室町時代）には、三〜五年に一回のわりで、やや間欠的・集中的に、後半（戦国時代）には二年に一回（一年おき）のわりで、かなり慢性的に、飢饉と疫病が起きていることがわかります。

前半の鎌倉時代には、養和の飢饉（一一八〇年代前半）・寛喜の飢饉（一二三一）・正嘉の飢饉（一二五九）・文永建治の飢饉（一二七〇年代）・元亨の飢饉（一三二〇年代前半）というように、一〇年から五〇年ほどのあいだをおいて、それぞれがかなり集中的に起きていますし、室町時代にも、建武の飢饉（一三三〇年代後半）・正平の飢饉（一三五〇年前後）、ついで応永の飢饉（一四〇〇〜二〇年代）と、ことに集中的に起きています。とりわけ応永の巨大飢饉には驚かされます。さらにこれを追うように、首都を戦場とした応仁の乱の一〇年戦争にむかう、底流となる大飢饉が断続的に起きるのです。

ところが後半の戦国時代になると、このようにはっきりした巨大・集中性よりも、いわば、いつもどこかで飢饉が起きていた、という印象がつよいのです。戦国期の戦争は、ほとんど慢性化した飢饉と疫病のさなかに、戦われていたのではないか、という予感が強く迫ってきます。

さらに、この年表を一〇年ごとに区切って、二種類のグラフにしてみましょう。一一五〇年から一〇年ごとに、機械的に区切って、それぞれの一〇年間に、旱魃・長雨・飢饉・疫病が、それぞれどれくらいの頻度で何回くらい起きているかを、数値として表し、それをグラフにしてみよう、というのです。区切りは、ただ一〇年ごとというだけの、ごく便宜的なもので、特別の意味はありません。

これをみますと、世紀別で飢饉がもっとも集中しているのは、十五世紀前半（二三回）・後半（二七

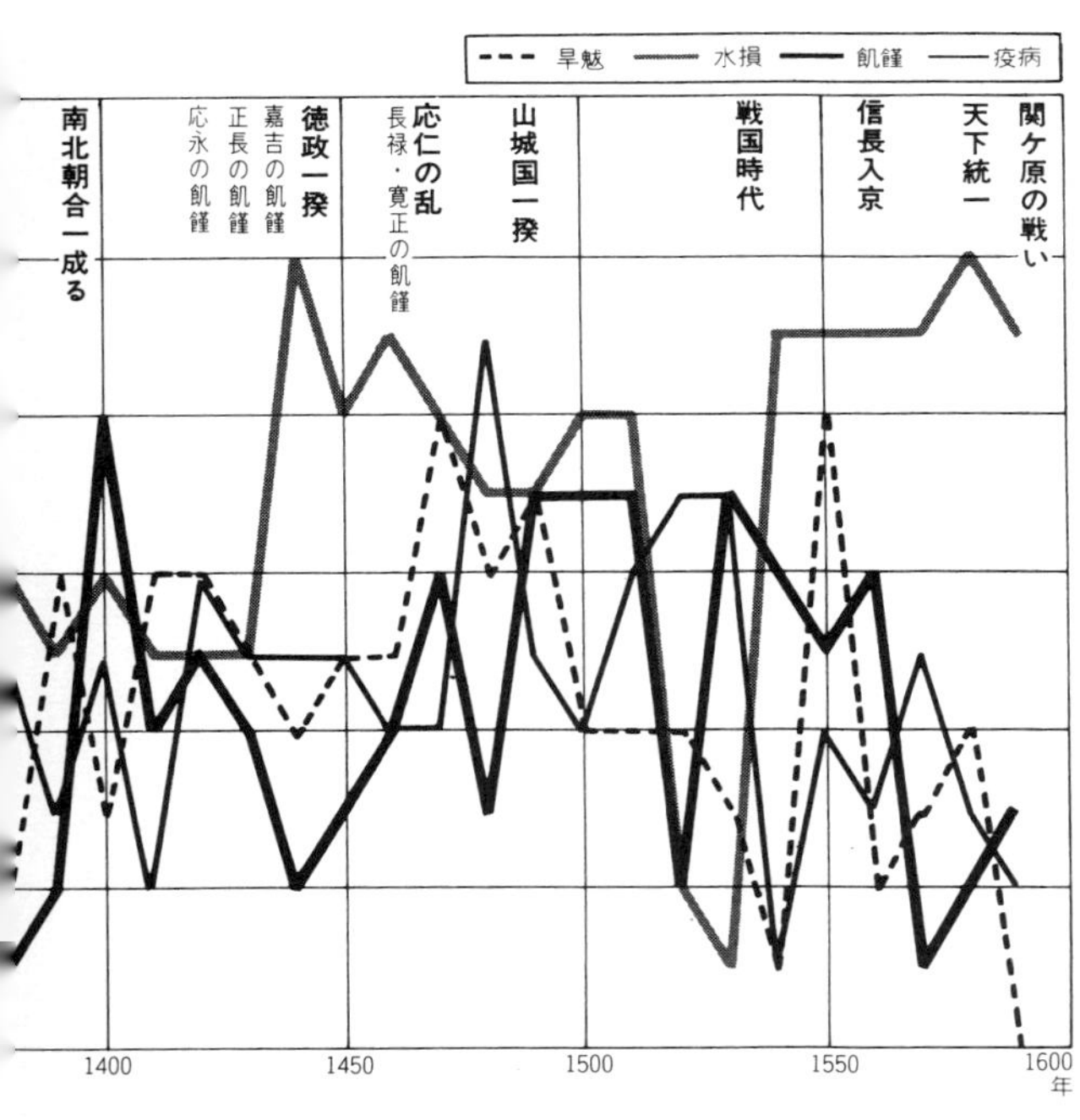
旱魃
水損
飢饉
疫病
南北朝合一成る
応永の飢饉
正長の飢饉
嘉吉の飢饉
徳政一揆
長禄・寛正の飢饉
応仁の乱
山城国一揆
戦国時代
信長入京
天下統一
関ケ原の戦い
1400
1450
1500
1550
1600
年

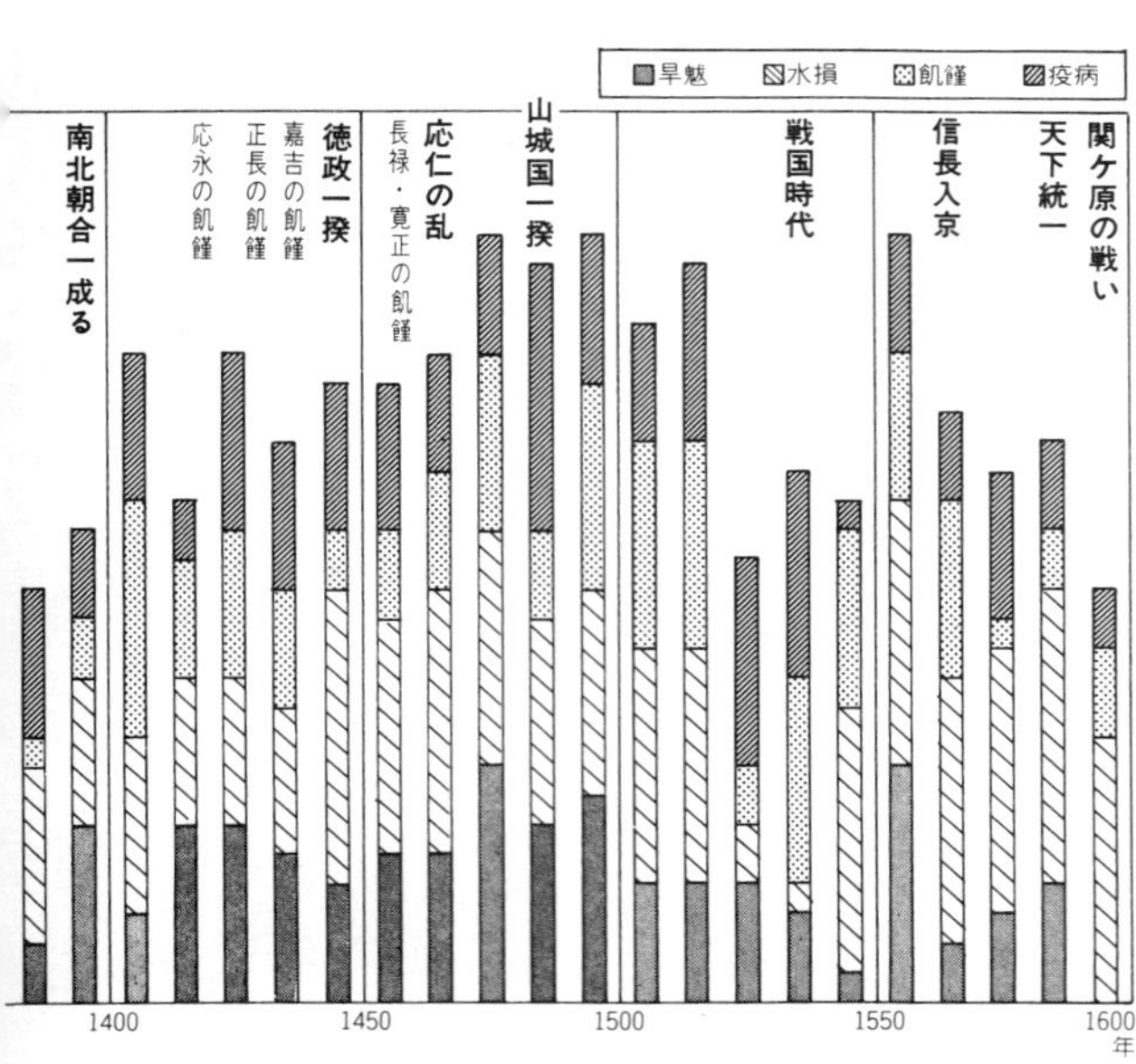
旱魃
水損
飢饉
疫病
南北朝合一成る
応永の飢饉
正長の飢饉
嘉吉の飢饉
徳政一揆
長禄・寛正の飢饉
応仁の乱
山城国一揆
戦国時代
信長入京
天下統一
関ケ原の戦い
1400
1450
1500
1550
1600
年

〈表 1〉

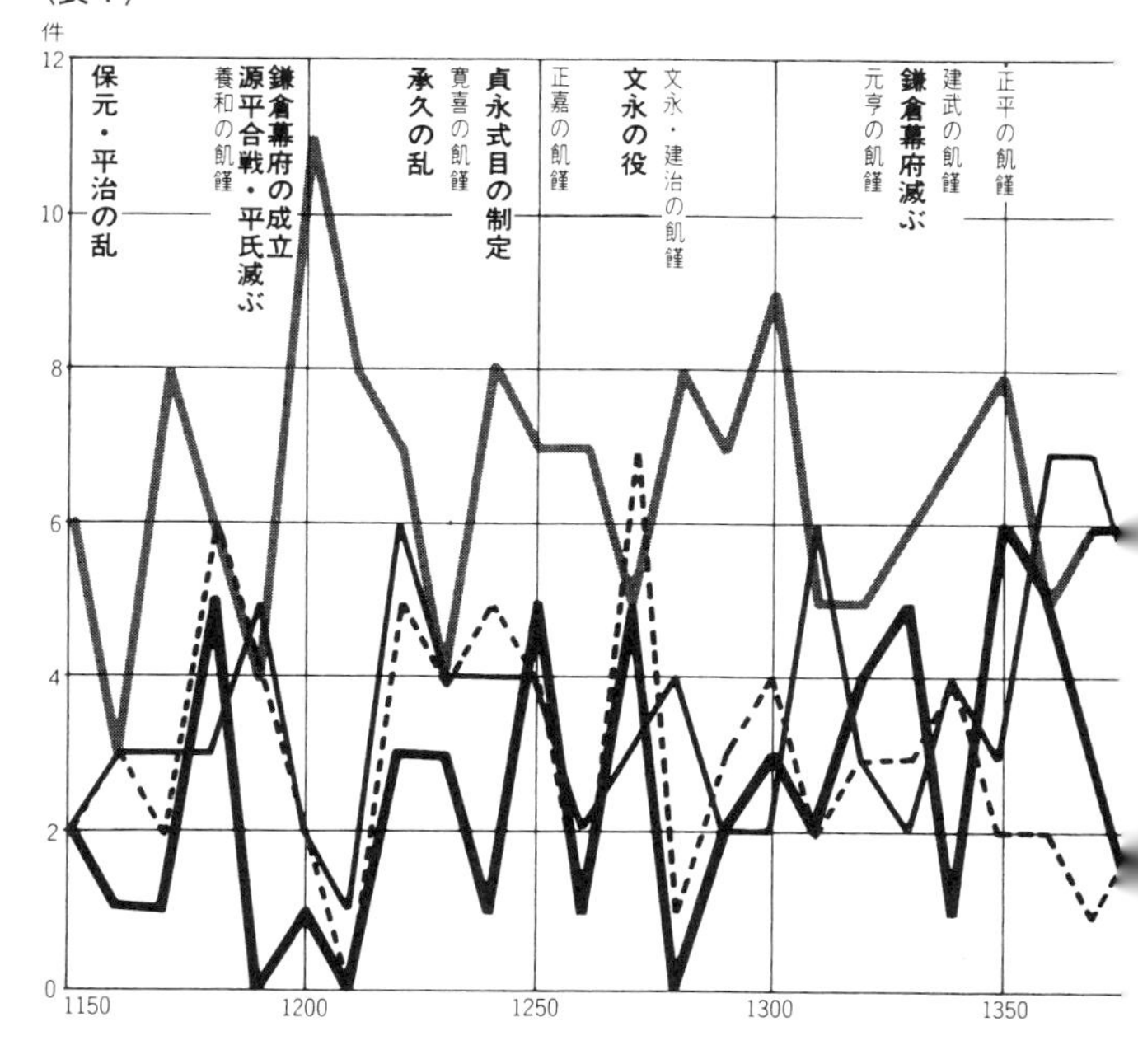
件
12
10
8
6
4
2
0
1150
1200
1250
1300
1350
保元・平治の乱
養和の飢饉
源平合戦・平氏滅ぶ
鎌倉幕府の成立
承久の乱
寛喜の飢饉
貞永式目の制定
正嘉の飢饉
文永の役
文永・建治の飢饉
元亨の飢饉
鎌倉幕府滅ぶ
建武の飢饉
正平の飢饉

〈表 2〉

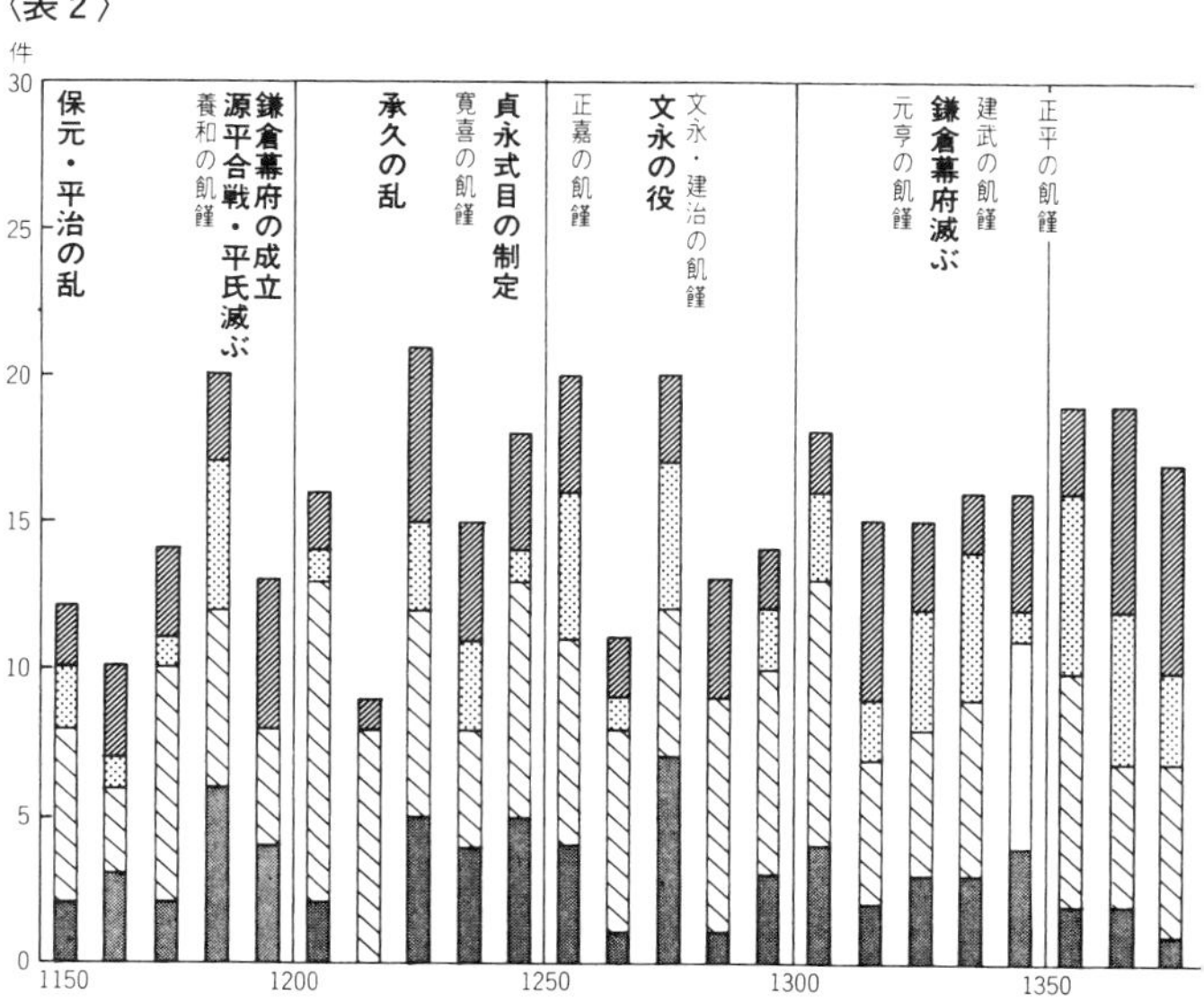
件
30
25
20
15
10
5
0
1150
1200
1250
1300
1350
保元・平治の乱
養和の飢饉
源平合戦・平氏滅ぶ
鎌倉幕府の成立
承久の乱
寛喜の飢饉
貞永式目の制定
正嘉の飢饉
文永の役
文永・建治の飢饉
元亨の飢饉
鎌倉幕府滅ぶ
建武の飢饉
正平の飢饉

回）・十六世紀前半（二九回）です。

中世の飢饉の傾向は、一四〇〇年代のピーク（五〇回）を境にして、前半（鎌倉・室町時代）が断続型、後半（戦国時代）は一五二〇年代の短い中断期をおいて、ほとんど慢性型というべき特徴が、よりはっきりうかがわれます。ことに戦国時代後半の一〇〇年間には、飢饉と疫病がそれぞれほぼ五〇件ずつという惨状がみえてきます。戦争の時代は飢饉や疫病の時代でもあった、とほぼ断定してもいいでしょう。

また、たとえば、飢饉と疫病の大きな原因となった旱魃は一六六回、長雨は三二五回で、これら天災の約三四パーセントが旱魃、約六六パーセントが長雨と、長雨が大きく上まわり、旱魃のほとんど倍近くにのぼっています。なお、同じ年でも、春から夏が旱魃で秋が長雨、などという例も少なくないのですが、ここではそれぞれを一回と数えています。

棒グラフでは、いっそうはっきりします。旱魃と水損（長雨）を比較しますと、旱魃よりも長雨の方が圧倒的に突出し、中世の災害はその過半が長雨・水害つまり冷夏長雨型だったらしい様子がみえてきます。そして長雨と飢饉の間には、旱魃と飢饉より以上に、密接な関係があったらしいことが明らかになってきます。中世の村の暮らしを悩ませていたものの正体と、村の課題がどこにあったかが、くっきりとみえてくる想いです。

ただし、長雨や旱魃といっても、その多くは局地的で、それがいつも全国を襲うのは、私たちの体験からいっても稀なことです。だから、戦国時代に飢饉や疫病が、一年おきに発生していたといっても、いつも全国すべてを襲ったわけではなく、一年おきに、日本のどこかで記録的な飢饉や疫病が起きていた、というように理解しておくのが妥当でしょう。

それに、もとになったデータも、古文書や古記録だけではなく、年代記という、まだ十分に研究の進んでいない情報も含まれています。なお地震情報はほかにまとまった研究があるので、ここでは割愛してあります（『新編日本の活断層』東京大学出版会、一九九一年。『新編日本被害地震総覧』同、一九九六年）。その意味で、巻末の年表には、あくまでも、いつか誰かが手をつけなければならない、作業の途上という限界のあることにご注意ください。

なお、これまでの研究と私のグラフを比較しますと、中世の気象環境の復元を試みた峰岸純夫さんの研究との異同が目につきます。峰岸さんは中世を大きく四つに区分して、

①中世初期＝十一世紀後半〜十二世紀＝温暖期＝大開墾の時代
②中世前期＝十三世紀　　＝寒冷化の時期＝飢饉・凶作の頻発期
③中世中期＝十四世紀〜十五世紀前半＝温暖期＝生産回復期
④中世後期＝十五世紀後半〜十六世紀＝寒冷化の時期＝飢饉頻発期

という区分案を示しています（峰岸純夫『中世災害・戦乱の社会史』吉川弘文館、二〇〇一年）。

これを、私の描いてみた旱魃・長雨・飢饉・疫病のグラフと比べますと、①の十一世紀後半〜十二

世紀を温暖期とする点については、私の方のデータでは十二世紀末期（源平合戦期）の大飢饉に大きな食い違いがあり、激しい水害（五四回）の記録がみられることにも、注意が必要です。

②の十三世紀を飢饉・凶作の頻発期とする点については、ほぼ評価は近いようですが、私のグラフではむしろ頻発期というよりは、間欠的・断続的な大飢饉の集中に特徴が認められます。

③の十四世紀〜十五世紀前半を温暖期＝生産回復期とする評価には、とくに後半に長く続く大規模な「応永の飢饉」を含む時期だけに、ほとんど正反対ともいうべき、大きな食い違いが認められます。

応永の飢饉といえば、そのさなかに韓国のソウルから京都に使いした、ある朝鮮の官人が、応永二十七年（一四二〇）四月、摂津の兵庫から西宮を通過するとき、その日記にこう書いていたのです。その大意をとってみますと、

町にはぶらぶら遊んでいる人ばかりで、農民の姿は少ない。必死に耕している人もいるが、聞こえてくるのは飢民が食を乞う声ばかりだ。

日本には人は多いが、飢人もまた多く、疫病で動けなくなっている人も多い。彼らはいたるところの路ばたに集まってすわり、通る人ごとに銭を乞うている。

（村井章介校注『老松堂日本行録』岩波文庫）

この応永の大飢饉のさなか、首都の京都だけでなく、地方の小都市にも、凶作で耕作をあきらめた農民たちが、飢饉難民となって押し寄せていたことがわかります。なぜ消費地よりも生産地が先に飢

えて、生産地の飢えた農民が消費都市をめざすのか。この衝撃の事実も、無視するわけにはいかないでしょう。都市と飢饉の追究は、第二章をご期待ください。

いずれにせよ、峰岸さんの示された飢饉の具体的なデータ数はわずか二七と、ごく部分的なものなので、今後の検討には、さらなるデータの集積と突き合わせが必要でしょう。

ただし、十五世紀後半〜十六世紀は寒冷化の時期で飢饉頻発期だとする評価、つまり戦国期を苛酷な災害期とする点については、旱魃・水害ともに集中する十五世紀後半をのぞくと、峰岸さんと私の分析の間に、およその一致がみられます。この「寒冷化」といわれる現象の主な内容が、じつは長雨であったことは、先のグラフでみたとおりです。

戦国期の災害事情について、峰岸さんとの理解の一致は、戦国社会の飢餓と戦争を追究するうえで、重要な手がかりとなるはずです。荒々しい自然環境のなかで、日本の各地で俗に戦国争乱といわれる戦争が繰り返されていた事実は、否定できないからです。その苛酷な飢餓の時代を、中世の人々はどのように生き延びていたか。その実情をさまざまな角度から探ってみよう、というのが本書の主題です。

さて、この本の主題は大きくわけて三つあります。第一は、鎌倉期の大飢饉をサバイバル・システム（生きのこるための習俗）という角度から切り取ること、第二には、室町期に首都を戦場として戦われた応仁の乱の一〇年戦争を、村と都市と飢餓の深いつながりに焦点をあてて追究すること、第三に、戦国期を飢餓と戦争という角度から、ていねいに描いてみることです。

一　中世の生命維持の習俗

はじめに

ここ数年、私は「危機のなかの中世」という関心を深めています。一九九五年という年は、世界大戦が終わって半世紀ということで、いろいろな論議が交わされました。この五〇年を省みて、いま私が思いますのは、平和と飽食とか、ときに平和ボケともいわれる、まことに幸せな日本の日々のことであります。この長い間の幸せに恵まれて、私などは、自分の研究している、戦争の時代とも宗教の時代ともいわれる中世の社会についても、ついなんとなく、穏やかに過ぎていた日々というのを前提にし、村を論じても、ただ安泰な中世村落像ばかり描きがちだったように思います。

しかし、ほんの数年前、とくに東日本が深刻な凶作に見舞われて、米不足まで起きました。そのとき私は、あの五〇年ほど前の敗戦前後に自分でも体験した、空腹の日々を思い出し、ふと思い立って、日本中世の災害や凶作や飢饉や疫病に関する、データベース作りに手をつけてみました。

まだ七〇〇〇項目余りの情報量ですが、それでも、戦争の時代ともいわれる日本中世の社会には、かなり深刻な凶作や飢饉がはりついているようだというのが、このデータベースからうける、私の率直な印象です。つまり日本中世というのは、西欧の中世もそうでしたが、やはり戦争と飢饉のあいつぐ、まさに「危機のなかの中世」としかいいようのない時代だったという、強い衝撃をうけております。巻末の年表はその抄録です。

「危機のなかの中世」という危機の事態は、地球の異常気象が背景にあったとみられています。東アジアやヨーロッパなど、中世の北半球の諸地域が、小氷期といわれる長い寒冷期、つまり危機の数世紀を体験していたことが明らかにされているからです。

こうした北半球にわたる中世の飢饉や疫病について、西欧では、歴史人口学とか「歴史のなかの危機論」という関心から、黒死病やあいつぐ戦争と飢饉をめぐる、じつに数多くの社会史の研究の蓄積があります。しかしその大きな特徴は、飢饉や疫病によって四割から五割もの人口が減少し、おかげで西欧社会の進歩は一世紀以上も遅れてしまったというような、いわば否定的な視点から、死者の数ばかり数えるような論議が多いのです。

その傾向の一端は、たとえばE・ル＝ロワ＝ラデュリの『新しい歴史——歴史人類学への道』（藤原書店、一九九一年）やヴェルナー・レーゼナーの『農民のヨーロッパ』（平凡社、一九九五年）など、近年の翻訳書をご参照いただいても、よくわかります。

一方、日本の中世については、本格的な飢饉論は数少ないのですが、いくつかの研究があります。

ただ、これもまた、あるいは餓死者の規模の大きさや社会の停滞を論じ、あるいは、大飢饉による餓死者数は、確実なところ八万二〇〇〇人とされるが、実際は一〇万人をはるかに超えたはずだというように、やはり死者の数ばかり問題にし、うけた深刻な打撃の奥行きを否定的に測るという、西欧の分析と同じような切り口からの研究がほとんどです。たとえば、西尾和美さんの「室町中期京都における飢饉と民衆」（『日本史研究』二七五、一九八五年）や磯貝富士男さんの「日本中世史研究と気候変動論」（『日本史研究』三八八、一九九四年）などに、そうした特徴がよくうかがわれます。

しかし、多くの死者の数というのを、逆の角度からみますと、激しい飢饉や疫病によって、仮に四、五割の人々が亡くなったとしても、残りの五、六割の人々は、何らかの手立てを講じて、ともかくも生き延びていたことになります。問題は、それらの人々が苛酷な世の中をどうやって生き延び、どうやって生命をつなぐことができたのか、ということです。そこで私は、死者の数ばかり問題にするよりも、むしろ、人々がどのようにして餓死を免れ飢饉を生き抜いて、生命を維持できたのかという、中世びとの生きのこりの英知に学ぶ道、いいかえれば、日本の中世社会の生命維持の習俗の方をしっかりと探ってみたい、と考えたわけです。「中世の生命維持の習俗」という少し耳慣れない標題を掲げましたのは、じつはこのような関心からであります。

そこで本題に入りまして、鎌倉期から戦国期にかけて、中世の世の中の生命維持の作法つまりサバイバルの秘密を、つぎの四つほどの切り口によって、探ってみたいと思います。

1　飢饉奴隷の習俗——飢饉のときの人の売り買い

非常時の時限立法

まず第一は「飢饉は法を超える」という主題です。

ここでは、初めに鎌倉時代のとくに大きな飢饉として知られる、寛喜の飢饉（一二三一年）・正嘉の飢饉（一二五九年）という、十三世紀なかばの二つの大飢饉のときの、鎌倉幕府の危機管理の様子を取りあげ、ついでその危機管理の展開ぶりを、戦国から江戸時代にまでわたって、眺めてみたいと思います。

鎌倉幕府が寛喜の飢饉をうけて、延応元年（一二三九）四月に出した追加法一一二条は、「寛喜三年餓死のころ」という衝撃的な書き出しではじまる、かなり特異な立法です。

これを要約しますと、①飢饉の年に誰かがもし飢えた人を（買い取って）養えば、「養育の功労」として、奴隷にしてもいい。これがもともとの主文です。②ただし人身売買はほんらい国禁である。③だからこれは飢饉の年だけの超法規の時限立法だ。④飢饉が去った後になって、もとの保護者（売り主）が飢饉時の超安値（時価の一〇〜一五パーセントていど）で、（買い主に）買い戻しを請求しても、それは認めない。⑤ただし売買双方の納得ずくで、時価で買い戻すなら、それは問題ない、というのです。

おそらく①〜③は寛喜の飢饉さなかの幕府ほんらいの立法（寛喜三年令）であり、あとの④と⑤が、後の延応元年令で付け加えられた条項とみられます。④と⑤からみて、大飢饉の収まったあと、もと飢饉さなかに裕福な他人に買い取られ養われ、奴隷になって生命をつないだ人々にたいして、肉親などから買い戻しの請求が起きて、大きな社会問題になっていた様子です。延応元年令はその紛争処理のための立法だったのでしょう。

さらに幕府は、のち寛元三年（一二四五）二月にも、追加法二四〇条で、飢饉のときに、⑥身寄りのない飢人（無縁非人）を救えば、末代まで奴隷にしてもいい。⑦だが、身内の者を養って奴隷にするのは、その身一代限りとし、子孫に譲るのも、よそに転売するのも認めない、と定めています。

飢饉奴隷のその後の処遇をめぐって、もめごとが繰り返されていたことが、よくわかります。しかも、巻末の年表がはっきり示していますように、この立法の前の年、寛元二、三年もまた「諸国炎旱」「疫疾大行」「天下損亡」といわれた、ひどい凶作の年でした。

これら①から⑦まで、一連の人身売買法の背後から、飢えた人々がぎりぎりのところで餓死を免れる方策として、飢饉の年だけを限って、鎌倉幕府が特別の立法によって国禁をまげ、人身売買を公認し、奨励さえもしていたという、意外な超法規のサバイバルの法が見えてまいります。もし飢饉の年に飢えた人を養えば、自分の奴隷にしてもいい、というのです。飢饉あいつぐ日本中世の世では、なんとしてでも生命を維持すること、それが国法さえも超える、絶対の条件とされていたのでしょう。
では、この飢饉対策の法の趣旨が、中世の世の中では現実にどう実現されていたか、三つほどの実例をあげてみます。

餓死よりは奴隷に

その①は、「去る寛喜三年飢饉の春のころ」という書き出しをもった、飢饉奴隷をめぐる紛争の訴状です。あの寛喜の大飢饉のさなか、十三歳と八歳の二人の幼い男の子をもつ父親が、「すでに餓死に及ばんと欲す、父子共に餓死の条、はなはだもってその詮なし」といい、このままでは父子三人が共倒れになってしまう、それよりはというので、なんとかともに「存命」できるように願って、飢饉の年の春に父親が男の子二人を他人に売り渡したのでした。ところが飢饉が収まると、その息子たちが二人とも逃げ出してしまったため、父親が買い主＝奴隷主から訴えられているのです。

その②は、「京中飢饉おびただし」とか「餓死する人その数を知らず」（『妙顕寺文書』）といわれた、建武五年（一三三八）の飢饉のさなかに書かれた、身売り証文です。「今年ハきゝん（飢饉）にて候ほどに、わが身も、かのわらわ（童）も、うゑしぬ（餓死）べく候あひだ」（『薩藩旧記』）という飢餓に迫られて、母親がうば太郎という九歳の幼い息子を、二百文で売り渡した、とあります。

その③は、ずっとのちの戦国時代の初め、「国家の飢饉もつての外」（『薩藩旧記』）とか「耕作損ずること限りなし」（『妙法寺記』）などといわれた、永正八年（一五一一）の飢饉のときに書かれた身売り証文（『二階堂文書』）です。ここにも「飢饉たるによて、あざ名初と申す女子、廿二歳にまかり成り候を、永代に、二階堂山城守殿御うちさまに、飢饉相伝の下部と身をはめ申し候」と記されています。

①〜③ともに、父母が息子や娘の身を他人に売り渡しているのですが、その理由として「飢饉の春の比……すでに餓死に及ばんと欲す」とか、「今年は飢饉にて……飢え死ぬべく候あいだ」とか、「飢饉たるによって……飢饉相伝のしもべと身をはめ」など、どの人身売買も、まちがいなく飢饉の年に、餓死に迫られてやむなく行われたものだと、それが正当な売買であることを、けんめいに説明しようとしています。

ことに、③の証文にみえる「飢饉相伝のしもべ」という言葉には、飢饉の年に奴隷にしたのだから、この人身売買は合法的だとか、飢饉の年に扶養したのだから正当な奴隷だ、という主張がはっきりとこめられていて、注目されます。

おそらくは買い主側のつよい希望で、こうしたきまった型通りの身売り証文が、中世を通じて書かれていた裏には、飢饉奴隷を時限立法として公認した、寛喜の鎌倉幕府法いらい、のちの戦国時代まで、戦場の奴隷狩りをのぞく、野放しの人身売買を強く戒める世の中の習わしが、権力の強制や国法としてではなく、世の中の人の道として、しっかりと生き続けていたにちがいないからです。だからこそ、正当な人の売り買い（「飢饉相伝のしもべ」）であることを証明する、定型の証文が作られ続けてきたのだと、私は思います。

こうした習俗について、戦国時代の日本にいたイエズス会の宣教師は、

> 父親たちは、極度の貧窮に迫られた際に、自分たちの子供を売る、という習慣を今でももっている。彼等は自分達の極度の、あるいは少くとも緊急の必要を救う為に、これ〔子供を奴隷に売ること〕を合法的に行っている。（セルケイラ司教評議記録）

と語って、飢饉など極貧のときに行われた子売りの習慣に、鋭く注目しています。

ところで、先の鎌倉幕府の法をはじめ、中世を通じて続いてきた、「飢饉相伝のしもべ」という飢饉奴隷の習俗は、さらに江戸幕府の危機管理策にも受け継がれていきました。寛永の大飢饉さなかの寛永二十年（一六四三）二月のことです。春先の作付けの迫る季節を前に、幕府の代官が南関東の天領の村々にあてて、

> 当年中、夫食に詰まり、かつえ（飢渇）に及び候者、在々所々にこれ有る由、相対次第に、かい（養）筋に致し、以来、その者の譜代にいたし、召しつかい仕り候へ、

という、飢饉奴隷を積極的に奨励する廻状を出していました。

激しい飢饉の続くこの年の内だけを限って、村々で飢えている者を養えば、奴隷（譜代）にしてもいい、それは当事者の間の自由（相対次第）にまかせる、というのです。しかも末尾に付け加えて、「年末かへたすけ申す事は、まかり成るまじ」と定め、ただし年末になってからのかけこみ扶養は違

法だ、ともいっていますから、この江戸幕府の指令もまた、あの鎌倉の寛喜令と同じく、村人の生命を維持し、なんとか作付けをという、一年限りの緊急の時限立法だったことが明らかです。

こうして、先の十三世紀の寛喜令と、この十七世紀の寛永令という、二つの幕府の危機管理ぶりには、じつに似たところが多いことに、お気づきいただけたかと思います。逆にいえば、四〇〇年も隔たった二つの幕府法の間には、ともに人身売買を厳しく戒める習俗が横たわり、その裏側には、「飢饉の年だけは、もし飢えた人を養えば奴隷にしてもいい」という、飢えた人々の生命を救う、超法規の飢饉奴隷の習俗が、ずっと生き続けていたとみられます。

なお、寛永の大飢饉のときの飢饉奴隷の実態については、京や大坂の街角で飢えていた多くの男女が、買われて肥後（熊本県）の村や町に連れて行かれ、「上方抱え者（かみがたかかえもの）」とか「上方抱え下ろし者」と呼ばれていたことを、秀村選三さんが膨大な資料紹介を通じて、明らかにされています（『久留米大学比較文化研究科紀要』一ほか）。その実情の一端については、本書の第六章（一九九～二〇一頁）をご参照ください。

ました。

2 飢饉出挙の習俗―泰時伝説の裏に

非常時の貸し渋り対策

やはり寛喜三年の三月、「世間飢饉」「人民餓死」といわれ、人々はふだんでも食糧の乏しくなる端境期のさなか、稲の作付けの季節が迫っているのに種籾もない、という餓死寸前の惨状に襲われていました。

これをみた鎌倉幕府の北条泰時は、伊豆・駿河地方の「倉廩を有する輩」つまり地方で倉をもつほどの富裕な人々に対して「出挙米を施し、その飢えを救うべし」と命じたのです。

飢えた人々に出挙米を放出し、その貸し付けで、一刻も早く農民の窮状を救え、というのです。百姓の飢えを救い、その年の耕作をなんとか確保しよう、という農民の経営の立て直しがねらいでした（『吾妻鏡』寛喜三年三月十九日条）。

「倉廩を有する輩」に出挙を命じるといえば、幕府の強権発動のようにみえます。ところが、「出挙を入れるの輩、施しを始めざるによって、いよいよ計略を失う」というのが泰時の見方でした。

つまり、いつもの年なら、村々で人々に米や銭を貸し付けて村人の暮らしを助けている金持ち（「倉廩を有する輩」）が、飢饉の年だからといって、貸し倒れをおそれ、ひどい貸し渋りをしているから、飢饉を深刻にしているのだ。早く貸し渋りをやめて寛大な条件で出挙の貸し付けを始めてほしい。その代わり、「もし後に出挙米の滞納（対捍）があれば、自分（泰時）が責任をもつ（御沙汰あるべし）」というのです。

「倉廩を有する輩」をたよりにして、もとから地域ごとに行われていた、民間の出挙による救済システム（出挙の習俗）が、激しい大飢饉によって、元利が回収不能におちいるのを恐れて、作動しなくなっていたらしいのです。泰時は返済を自分が保証する、という政策を打出すことで、このひどい出挙の貸し渋りを解決しようとしていた、とみられます。

さらに飢饉が続く翌年の春（『吾妻鏡』寛喜四年三月九日条）、やはり同じ季節に、泰時は飢饉によって餓死に直面し、農耕を諦めかけた伊豆の人々の訴えで、出挙米三〇石を「下行」するよう指示しました。「下行」といえば、ふつうは給付のことですが、これはあくまでも「出挙」という貸し付けでした。

ところが、この指令にも「もし彼ら弁償せずんば、御沙汰として糺返せらるべし」と言明されていたのです。この出挙もやはり、泰時が自分で返済のリスクを保証する（返済を肩代わりする）という条件で、地域で有徳人ともいわれた「倉廩を有する輩」にたよって、貸し付けつまり出挙の習俗を作動させよう、としていたことになります。

のち弘安元年（一二七八）秋、降り止まぬ大雨と大洪水の被害が続くなかで、日蓮が「富人なくして五穀ともし、商人なくして人あつまることなし」といったのは、このような危機に「富人」や「商人」つまり「倉廩を有する輩」の果たすべき役割の大きさをみごとにしめしている、といえるでしょう（『鎌倉遺文』一三一七九。西谷地晴美「中世前期の温暖化と慢性的農業危機」『民衆史研究』五五、一九九八年）。

泰時が自分の保有米を放出して飢えた人々に補助する、という直接的な救済策ではなく、あくまでも民間の出挙の習俗にたよって、村人の経営の立て直しをはかろうというのが、この政策の特徴です。あたかも現代の中小企業救済のための特別融資保証の制度（金融機関の貸し渋り対策）を思わせて、興味をひかれます（高橋周氏のご教示による）。しかも「この事すでに数度に及ぶ」とありますから、このような出挙の貸し付けにたいする泰時の保証措置は、すでに数回にわたってとられていたとみられます。

これは古代の例ですが（『類聚三代格』天長七年〈八三〇〉四月二十九日太政官符、前掲西谷地論文）、

富豪の家穀を積むに、なお餓す、いわんや貧乏の輩、なんぞ生くる理あらん、

といわれたように、地域の富豪の家といえども、激しい飢餓のなかで、地域民衆の生命維持に十分な役割を果たせた、とはいいきれない事情があったからです。

国家規模の対策

ところで、こうした泰時の出挙対策が、どの程度の広がりをもっていたかも問題です。伊豆・駿河

は北条得宗家の守護分国で、国務の知行権ももっていましたから、この泰時の一連の措置は、幕府の執権としての国策ではなく、いわば国主＝領主として、自分の領内向けにとられた地域政策であったとみられます（『中世政治社会思想』上、一一〇頁頭注）。

しかし、泰時による飢饉出挙の対策は、国レベルの政策という広がりももっていたらしいのです。『吾妻鏡』天福元年（一二三三）四月十六日条に、三〇カ国に宛てたこんな記事がみえています（追加法五五条）。

大風以前の出挙は、上下・親疎を論ぜず、一倍を停止し、五把利をもって一倍となすべきの由、定めらる。あまねく諸国に下知せしめんがために……（三〇カ国名は省略）

ここに「大風以前」というのは、寛喜三年の大飢饉の引き金となった、寛喜二年八月八日の大風のことです。『吾妻鏡』同日条は「ひどい風雨と寒気で収穫間近の稲が立ち枯れてしまった」といい、『明月記』は「被害は寒気によるもので、北陸と四国がとくにひどいそうだ」といい、『立川寺年代記』は「大風雨による全国的な不作で、餓死者が続出している」と伝えています。秋の収穫を目前にした大風雨と冷害が翌三年の大飢饉の始まりでした。

この天福元年四月十六日令は、この大災害以前に貸し付けられた出挙を対象として、元本の二倍に及ぶ利息を禁止し、五割を上限とすると、大幅な利率の圧縮を指示したのでした。「あまねく諸国に下知」といっていますが、ここの列挙（省略）されたのは、鎌倉幕府が西国を統轄するために設けた六波羅の管轄する、北陸・東海・近畿・中国・四国にわたる三〇カ国で、関東・東北・九州は除かれています。関東・東北・九州は別に定められたとみる余地もありますが、『明月記』に従えば、激甚災害地域の広がりに対応するとみることもできます。

いずれにせよ、飢饉出挙の対策が北条氏の私領だけに限られなかったことは確実です。

さらに、天福元年四月十六日令直後の『吾妻鏡』天福元年七月九日条は、重ねて、こういっています。

大風以前の出挙の利倍の事、窮民を救わんがために、減少の法を定められ、畿内・西国の事は、六波羅に仰せられおわんぬ。

つまり、天福元年四月十六日令（大風以前の出挙の利倍の事＝減少の法）は、被災窮民の救済策の一環であり、諸国に発令されたものだが、畿内・西国への通達は六波羅に一任された、というのです。凶作のさなかの出挙の「減少の法」という、この緊急措置が全国法であった可能性は大きい、とみてよいでしょう。

「出挙の利倍」＝「減少の法」が「五把利」つまり五割（利息五〇パーセント）を基準年率としているのは、広く中世社会に行われた単年度（春から冬まで）の出挙の標準利率を採用し、それを大災害飢饉という危機に直面して、過去三年以上の未進分にも適用しようとしたものであったとみられます。飢饉という非常時の利子の増大をおさえ、むしろ圧縮しようというのでした。

全国法ないし広域法としての「減少の法」＝天福元年（一二三三）七月九日令が出挙の利息の圧縮を焦点にしているのは、地域法としての伊豆・駿河の法が利子補塡を出挙保証策の眼目としているのと一貫し、ともに飢民の救済をもっぱら民間の富裕者に依存している点でも、政策として共通しています。

なお、鎌倉幕府による出挙の利息抑制策は、すでに嘉禄二年（一二二六）正月二十六日に、その前年十月の公家新制（官宣旨）をうけてだされていたのでした。それは、私出挙の利息が元本の二倍を超え、挙銭（金銭の貸し付け）の利子が元本と同額を超えるのを、ともに禁止するという法（追加法一七条）でした。同じ飢饉出挙でも、穀物と金銭の貸し付けを区別し、穀物の利息の上限は元本の二倍まで、金銭の利息の上限は元本と同額までと法定していたのです。

幕府法としては新法ですが、そのもとになった法の系譜は、はるかに延暦十六年（七九七）の符・雑令までさかのぼるとされています（『中世政治社会思想』上、一〇八～一〇九頁頭注）。幕府の飢饉出挙の利息抑制策も、一方ではこうした古法をうけ、他方では、標準の利率五割という中世の出挙の習俗をふまえて、打ち出されていたことになります。

寛喜の飢饉のとき、泰時のとった救済策については、泰時伝説ともいわれる、さまざまなエピソードが伝えられています（『太平記』三五、『北野通夜物語』『明恵上人伝記』など）。

「富める者」を動かす

この天下飢饉のとき、泰時は鎌倉・京をはじめ諸国の「富める者」に、私に米や銭を貸し預けよと要請し、自分の判をすえた借状と引き換えに米銭を借り集めます。それを諸国の飢人に貸し与え、その出挙の借状は泰時あてに提出させました。そのときの貸し付けの条件は、来年になって飢饉が収まったら、元本だけは泰時に返せ、利息分は泰時が補塡してやる、借状はそれぞれ泰時あてに出せ、というものでした。やがて世の中が安定すると、出挙を借りた人々は泰時に元本を返し、貧しい人々には元利ともに返済を免除してやった、というのです。

この伝えで、とくに注目されるのは、①泰時が幕府や自身の手持ちの米銭を放出して飢人を救ったという、素朴な慈善の美談ではなく、②泰時が諸国の富裕者に要請して、強権による徴発でもなく、正規の貸借手続きによって、自らの保証によって米銭を借り受けた上で、③飢人にたいしても、元本は返せ、利子は補給しよう、という特典つきで救済にあて、④貧しい人々には元本ともに泰時が肩代わりしてやった、という話になっていることです。

つまり、伝説のなかの泰時は、自らの私財をなげうち、身をもって百姓の飢餓を救った救世主というのでなく、権力による強制によって富裕者から米を放出させた権力者というのでもなく、飢饉出挙の習俗を作動させるため、自らの保証でいわば正規の金融組織を動かし、公的に貸し渋り対策を講じて、民間の富裕者に出挙米の放出を求め、危機管理の任に当たった優れた政治家、という位置を与えられているのです。

この伝説については、じかに確かな証拠はありません。しかし焦点は飢饉出挙の習俗だ、と私は思うのです。初めにみた伊豆や駿河の例でもそうでした。飢饉になると領主は民間の富裕者に出挙米の放出を求め、その返済については領主側が保証するという方式が、飢饉のいっさいの危機管理のシステムとして、現実に作動していた例が少なくなかったのでしょう。伊豆・駿河でみられた泰時の貸し渋り対策は、泰時伝説の筋書きとそっくりだ、と私はみるのです。

3　自然享有の習俗―山野河海の開放

非常時の領主権

つぎは、やはり鎌倉時代の正嘉の大飢饉のときのことです。この時代には、大飢饉のとき領主たちが、私領の山野河海を飢饉難民に開放するのは当然のことで、それは「世間の習い」だ、と考えられていたらしいのです。正嘉三年（一二五九）二月の幕府追加法三二三条が、こう定めていました。

諸国飢饉の間、遠近佗傺（たくさい）の輩、あるいは山野に入りて、薯蕷（しょよ）・野老（ところ）を取り、あるいは江海に臨み、魚鱗・海藻を求め、かくの如き業（なりわい）を以て、活計（かっけい）を支うの処、在所の地頭、堅く禁遏（きんあつ）せしむと云々、早く地頭の制止を止め、浪人の身命を助くべきなり、この大飢饉のさなかに、遠近の流民が野山に入って長芋や野老（山芋の一種）を掘り、川や海で魚介や海草を採って、身命をつないでいる。それらの飢饉難民（浪人）を領主たちが私領の山野河海から締めだし、見殺しにするのは許せない、という定めです。飢饉のときには、領主のもっている山野河海の利権、つまり領主権もまた厳しく制約されるべきだ、というのです。

一見したところ、領主層つまり配下の御家人たちにたいする、鎌倉幕府の強大な危機管理権の発動のようにみえます。ところが、その一五年ほど前、やはり大凶作・疫病のさなかの寛元二年（一二四四）十月に、鎌倉幕府は追加法二二六条で、

草木・獣鳥・魚類・海草等、要用あるの時は、その所の領主に触れ、よろしく和与せらるべきところ、ほしいままに押取る輩あるの由、その聞えあり……

といい、日常生活で近くの山野河海を利用することについて、領主と民衆の「和与」つまり共生の原則を説いていました。しかも、その後段で、

然るごときの事、近辺をあいたのむの条、世間の習い、領主また事情をわきまえ、強て拘え惜しむべからず、

ともいっていました。ほんらい、最寄りの山野河海を共同で利用するのは「世間の習い」なのだ、というのです。

「世間の習い」の伝統

ということは、幕府がこの大飢饉の年に領主層に命じた自然開放令というのは、けっして強圧的な危機管理権の発動などではなく、もともと中世社会の底にあった、いわば民間の習俗としての自然享有権の思想をふまえた、説得の呼び掛けであった、というべきでしょう。

いま危機管理といえば、権力に強大な超法規の権限を与えることだ、というような通俗の議論ばかり目につきます。しかしそれは、民間の危機管理ともいうべき、こうした歴史の英知に学んで、厳しく批判されなければなりません。

飢饉の年の自然の共有といえば、先に成城大学の民俗学研究所で編纂された『日本の食文化』という二冊の膨大な調査報告書からも明らかです。その救荒食の項をみますと、山野河海にたよって飢饉を生き延びた、昭和飢饉のサバイバルの体験や飢饉の世の習俗が、じつに克明に書き込まれています。それに先立つ江戸時代の様子につきましては、近世史家の菊池勇夫さんの『飢饉の社会史』(校倉書房、一九九四年)が詳しく、たとえ大名や領主のお留め山であっても、飢饉のときには利用制限が解除され、広く一般に開放されるのは当然だ、とされていたことが指摘されています。

飢饉のときの自然享有権という「世間の習い」もまた、中世から近世を通じて、しっかりと世の中に受け継がれていたに違いありません。この自然享有権という表現は、最近のスウェーデンの自然保護運動のキーワードに学んだものですが、日本でも鎌倉時代いらい、とてもよく似た民間の思想があったことに、じつは驚いています。

なお、この正嘉の飢饉のときには、以上の危機管理策のほかに、「諸国飢饉といい、人民病死といい、過法のあいだ」といって、囚われている殺人犯までも「放免」した（『吾妻鏡』）とか、あるいは、

当年は諸国平均の飢饉たるによって、関東（幕府）より臨時の課役を停止し、……ある所は領家（荘園領主）の御倉をひらき、粮を百姓に与え、ある所は領家方の恒例・臨時の公事を止め、撫民の儀をなさる、（『鎌倉遺文』八四二一）

といわれたように、幕府や荘園領主たちによって、大幅な税の減免や救済の措置もとられていたことが、知られています。

また、西谷地晴美氏は「天下一同の大旱魃のときには官物納入は半分以下でよいとする国の習いが存在していた」（嘉応二年〈一一七〇〉閏四月日、大和国高殿荘々官請文、西谷地前掲論文）と指摘しています。天下一同の大旱魃のときの「国の習い」という世の中の生命維持の習俗は、かなり早くから成り立っていたことが、よくわかります。

こうした飢饉のときに民衆を救う「撫民」の措置、つまりさまざまな危機管理策の広がりを、これから一つずつ具体的に明らかにしていくのも、私の「サバイバルの習俗」探しの大切な課題です。

4　田麦の習俗—二毛作の裏に

田麦は百姓のもの

つぎに、中世の百姓の生活を支えた物質的な土台という観点から、「田麦は農民のもの」「田麦に年貢を懸けてはならぬ」という、鎌倉幕府の法に注目してみます。「諸国の百姓、田稲を苅り取るの後、その跡に麦を蒔く」という書き出しではじまる、文永元年（一二六四）四月の追加法四二〇条がそれです。諸国の百姓が田の裏作にまいた麦に、領主が課税するのは、「租税の法」にそむく。「田麦」に税をかけてはならぬ、というのです。その夏の初めから「大旱」が長く続いた上、「世間疫癘流行」とか「咳病流行」といわれた年のことでした。

この十三世紀の中ごろ、ようやく広がりはじめた二毛作の裏作麦への課税をめぐって、諸国の百姓と領主たちの間に、激しい社会的な対立が起きていたのです。それに対して鎌倉幕府が、「よろしく農民の依怙たるべし」といい、田麦は非課税が世の習いで、あげて農民の権益とすべきものだ、という裁定を下したのです。これまた一見、幕府の独断的な指令のようにみえますが、よく調べてみますと、じつは「稲を刈り終わった後の田は無主の地（だれのものでもない）」という古くからの習俗が、日本の社会に広くいきわたっていたらしいのです。

のちの十五世紀の中ごろ、大和（奈良県）の興福寺領では、二毛作が広がったために、百姓の夏の麦作ばかりが倍増して、領主は秋の年貢もろくに取れない。というので、領主が田の裏作麦をなんとか制限しようとしても、百姓たちは耳をかさず、それなら麦年貢を出せといっても、百姓たちはいうことをきかない、という事態が起きました（『大乗院寺社雑事記』紙背文書抄二五）。

また同じ大和で、百姓たちが田麦ばかりに精を出すために、いつも水田の稲の作付けが遅れ、水不足で不作がちになり、秋になると、百姓たちは日照りの被害を理由に、きまって年貢減免をいいたてる。これでは、百姓はいいが、領主はたまらない、というもめごとも起きていました（『大乗院寺社雑事記』文明七年〈一四七五〉三月十七日条）。

これをみますと、田の二毛作が普及して生産量が上がったといっても、その収穫の行方については、稲作（表作、領主の取り分）と麦作（裏作、百姓の取り分）とは、峻別されていたらしいのです。ここに、戦国時代の初めにもなお、百姓は裏作麦に熱中しているのに、領主はその田麦に課税することが、どうしてもできなかったという事情が、くっきりとみえてきます。さらに生産の過程でも、初夏の田麦の熟成を待つ百姓と、稲の作付けを急ぐ領主の間で、双方の利害は微妙に対立していたのです。

近世の田麦習俗

ついで、中世も終わりの慶長二年（一五九七）、豊臣秀吉がとつぜん全国の「田麦年貢」の課税に乗り出します。中世の「租税の法」からみれば、まさに衝撃的なできごとでした。ところが、百姓たちが迷惑しているようだから（「百姓迷惑仕（つかまつ）り候由、聞召（きこしめ）さる」）といって、たった一年で、この田麦課税を撤回してしまったのです（「中村不能斎採集文書」九）。十三世紀の鎌倉幕府の「田麦は農民の依怙」から、この十六世紀末の秀吉の「田麦年貢は百姓の迷惑」まで、田麦は百姓のものという習俗は、なお根強く続いていた、とみていいでしょう。

しかも、この田麦非課税の習俗は、少なくとも江戸時代の初期まで、そのまま生きつづいていた様子です。慶安二年（一六四九）秋、伊勢（三重県）の藤堂藩の指令に、こうみえています。

①麦はもっとも地下人（じげにん）の食物第一たりといえども、②作り過ぎ候て……近年干水（かんすい）がちに候、……③麦田、年貢これ無しと存じ、……④麦田を第一とし、田の修理を次に仕り候……

（『宗国史』外編、国約志一）

まず注目したいのは、①の「麦はもっとも地下人の食物第一たり」と、③の「麦田、年貢これ無し」です。ともに鎌倉幕府の「田麦は農民の依怙」とその趣旨がそっくりだからです。

これは、万治三年（一六六〇）の肥後細川藩令が「麦作を大分仕り候えば、御百姓のくつろぎにまかり成る」といっているのや（「松井文庫所蔵古文書」一三―一七）、享保十六年（一七三一）の農書『百姓嚢（ひゃくしょうぶくろ）』に「田家の食物、麦を第一とす」などとあるのも、きっと同じことだと思います。こうした農書の記事については、先に増田昭子さんも、農民にとっての雑穀の位置という観点から着目されています（『食の昭和文化史』おうふう、一九九五年）。

ただ「麦はもっとも地下人の食物第一」などと聞くと、私たちはつい、あの池田勇人大蔵大臣の「貧乏人（低所得者）は麦を食え」発言を連想し、もともと百姓は貧しくて麦しか食えなかったのだろう、と考えがちです。しかしそれは皮相な見方で、「田麦は農民の依怙」いらい、この言葉には、じつは領主の課税を排し、百姓の自立の根拠を守りぬくという、もっと積極的な中世いらいの歴史が秘められていたのだと思います。

つぎに②で「(麦を)作り過ぎ候て……(稲が)近年干水がち」というのも、④で「(百姓が)麦田を第一とし、田の修理を次に」するというのも、先にみた十五世紀なかばの大和の二毛作をめぐる紛争と、事情がそっくりです。十七世紀なかばになってもまだ、税制のうえだけでなく、麦作に精を出せば稲作がおろそかになるというように、二毛作は生産の過程でも対立しがちだったのでしょう。

どうやら、鎌倉幕府法にみえた「田麦は農民の依怙」という「租税の法」は、中世の百姓たちの生命維持の土台として、課税をねらう領主との激しい対立のなかで生き続け、すっかり安定した近世大名の力をもってしてもなお、根強い田麦非課税の習俗をくつがえすことはできなかったらしいのです。

そういえば、かつて中国でも、麦の収穫はほとんどが小作農の所得となり、強い力をもつ在地地主といえども、それを収奪することはできなかったと、中国史家の上田信さんが『伝統中国』(講談社選書メチエ、一九九五年)で書いています。ひょっとすると「田麦は農民の依怙」という日本の習俗は、東アジア世界に深く通底していたのでしょうか。

おわりに

厳しい不作や苛酷な飢饉のあいついだ、「危機のなかの中世」を生き抜く生命維持の習俗を、鎌倉時代から戦国時代にわたって、いくつかの角度から探ってみました。そのなかで私は、人に隷属を強いる飢饉奴隷の習俗を、苛酷な世にせめて生命を保つための、ぎりぎりの工夫だったようだと、むしろ肯定的にみたのですが、あるいは疑問をもたれるかたもあったかも知れません。中世は「よりよく生きる」のが人びとの目的ではなく、むしろ「なんとか生き延びる」ことが大きな課題だった時代であった、という印象を出発点として、このように考えてみました。

先にご紹介した近世史家の福田千鶴さんも、同じ論文で、江戸時代に「お救い」とよばれた、大名（領主）の村人にたいする危機管理策は、「極飢」を中心に「飢え」「難儀」「迷惑」の順に広がる四重の同心円をなしていて、その中心をなす「極飢」と「飢え」こそは、村人の生命維持の限界であり、領主には領民の生命維持を確保する責務があった、と説いています。

私の「危機のなかの中世」の実像を見定めるのも、中世のサバイバルの習俗探しも、まだ手をつけたばかりで、拙（つたな）い冒険の域を出ません。ただ、死者の数ばかり数えるような、これまでの飢饉史の研究とは少し違う私の新しい試みにも、別の可能性があるらしいことをお察しいただけたでしょうか。

なお「危機のなかの中世」とか、「サバイバルの中世」などと申しますと、私が中世社会の苛酷さや暗さを強調し過ぎていると、お感じになるかも知れません。しかし、宗教や芸能など日本を代表する文化の多くが、じつはこの苛酷な中世に創造され、ことに戦国の世に生き生きと成長を遂げていたのです。この厳粛な史実を考えますと、文化の創造や人生の充実にとって、私たちのこの半世紀のような、平和と飽食だけが絶対の条件ではないようだという想いを、あらためて深くしております。

二　応仁の乱の底流に生きる

—飢饉難民・徳政一揆・足軽たち—

はじめに

これは「応仁の乱の底流を探ろう」という、英雄も立派な主人公もいない、少し風変わりな、中世京都のサバイバル（生きのこり）の物語です。応仁の乱は応仁・文明の乱ともいわれます。十五世紀のなかばすぎ、応仁元年（一四六七）から文明九年（一四七七）まで一〇年にわたって、京都を主戦場にして戦われた、首都の内戦でした。

この内戦は、政権（室町幕府）の中枢を壊滅させ、各地で村々が力を強め、地域が自立し、戦国大名の時代を生む、大きな転機になりました。だからこの内戦は、日本史のうえでも画期的な内乱の一つだ、といわれています。ところが、これほど評価が高いのに、どの辞典類をみても、政界（細川勝元対山名持豊など）の内紛や、大名家（畠山義就対政長など）のお家騒動ばかりが、細ごまと説かれるだけなのです。

しかし、実情はじつに深刻でした。

①内乱のもっとも深い底流には、長いこと断続的に日本各地を襲った、大雨・旱魃(かんばつ)・凶作・飢饉・疫病がありました。それを、大名たちのお家騒動がらみの戦争が加速させ、無数の飢饉難民・戦争難民が、生きのこるために、周縁の村々から京に殺到したのです。京都はいわば流餓の都だったのです。そして、②この極限状況を背景に、乱の直前まで半世紀近くにわたって、徳政をさけぶ土一揆(つちいっき)が、周縁からくり返し京を襲いました。さらに、③京を中心に内戦が始まると、こんどは無数の貧しい足軽(あしがる)たちが、京の戦場に押しよせていたのです。

内乱の底流といえば、さきに鈴木良一『応仁の乱』は「飢饉と戦争」の章から筆をおこし、永原慶二『下剋上の時代』も十五世紀の京の飢餓に多くの頁を割いているほどです。この十五世紀は、広く北半球全体が異常気象に襲われた、飢饉と戦争の世紀でした。

とすると、この応仁の乱の首都の戦場というのは、じつは凶作と飢餓のあいついだ十五世紀のなかばに、村で耕しても食えない飢えた人々の「生きのこり」(サバイバル)を支えた、生命維持の装置(サバイバル・システム)だったのではないか。これが、かつて前著『雑兵たちの戦場』でとらえた私の直感でした。

しかし「殺し合いの戦場」を「生きのこりの戦場」などとみるのは、あまりに不謹慎で、逆説にすぎるでしょうか。じつは、この直感の当否を、応仁の乱の底流のなかに探ろうというのが、この首都のサバイバルの物語の主題です。

政界の内紛やお家騒動など、政治面のことはとりあえず通史類にまかせましょう。周縁から首都になだれこんだ、①飢饉難民、②徳政一揆、③戦場の足軽、この三つがこの物語のキーワードです。そして、首都戦争の底流に何があったか、首都はなぜ戦場になったか、首都の戦場でなにが起きていたか。それだけに物語の焦点をしぼってみたいのです。

飽食と平和のなかで「死を忘れた」といわれる現代から、あいつぐ飢餓と戦争のなかで「死を想う」のが日常だった十五世紀へ、思いきってさかのぼってみようというのです。飢餓と難民といえば、いまなお世界の現実で、五〇〇年前の昔話だけではすまないからです。

1　首都を目ざす飢饉難民

都へ流れ込む難民たち

応仁の乱の深い底流をさぐる、ナゾ解きの第一の焦点は、首都内戦にいたる半世紀もの間、京の周縁の国々に断続した凶作と飢饉のさなかに、大量の飢饉難民が周縁の村々から首都へくり返し流れこんでいた、という事実です。

そこに私は、やがて首都に一〇年戦争（応仁の乱）をひきおこす、怒濤のような底流を感じるからです。ここでは、そのうちとくに大きい奔流だけを、たどってみましょう。

応仁の乱の四六年前　まず「応永の大飢饉」の終わり近い応永二十七〜二十八年（一四二〇〜二一）、応仁の乱の四六年前のことです。その応永二十七年には「天下大旱魃」「畿内・西国ことに不熟」と凶作が広がり、翌二十八年には「大餓死」と、周縁の国々は深刻な飢餓と疫病に襲われます。ことに食糧のとぼしくなった端境期の二十八年春には、「諸国の貧人上洛し、乞食充満す」といわれ、周縁の国々から、飢えた貧しい人々が、難民となって京に殺到します。

京の街角には必死に物乞いする「乞食」があふれ、路頭に餓死する人も数えきれないほど、といわれました。京の南郊の伏見庄でも、飢饉のため多くの村人が、必死に生きのびようと、京へ出て行ってしまいます。おおぜいの餓死者がでたこの庄では、惣鎮守の春祭の猿楽がとりやめになり、村の寺では勧進（喜捨・カンパ）を募って、供養と施しのために、大施餓鬼が行われたほどでした（『看聞日記』）。

京でも幕府が、周縁から流れこんだ飢饉難民を救おうと、京の東を流れる鴨川の五条の河原に、仮小屋をかけて難民を収容し、粥の施しをはじめます。銭の施しもあったようです。京の町には銭を出せば買えるほど、まだ食糧のゆとりがあったのでしょう。しかし、この粥の施しで急に食べたのが命とりになり、衰弱した人々の間には疫病も広がって、難民たちはきりもなく死んでいった、といいます（『看聞日記』）。

翌二十九年秋には、多くの死者への供養と、飢えた人々への施しのために、大がかりな施餓鬼がおなじ五条河原で催されます。その見物に京の人々が群れ集まり、勧進の喜捨で集まった、山ほどの施物（ほどこしもの）の配分をめぐって、多くの物乞いたちを世話する、勧進僧と河原者（かわらもの）の激しいナワバリ争いの喧嘩までおきていました（『看聞日記』）。それほどに切実な、死者への追善と生者への施しに対する要求が、民衆のなかにあったのです（西尾和美「室町中期京都における飢饉と民衆」『日本史研究』二七五、一九八五年。同「寛正二年の飢饉について」『歴史と地理』三七三、一九八六年）。

諸国の飢饉難民たちは、はじめ「山野・江河に亡民（ぼうみん）充満す」といわれ、地元の村々の山野河海に食物を求めて殺到します。しかしそれも尽きると、京に向かって物乞いの大きな奔流となっていったのです。食糧の生産地の村々が、大消費地の京より先に飢える、という衝撃の事態でした。難民たちの殺到で、ついには京の人々も「食物なくして、すでに餓死に及ぶ」とか「洛中の人家衰微す」という、二次飢饉に襲われます（『廿一口方評定引付』『蔭凉軒日録』）。この二次飢饉は流入型飢饉とよばれ、周縁から京におしよせた飢饉難民の奔流のすさまじさを、みごとにとらえています（東島誠「前近代京都における公共負担構造の転換」『歴史学研究』六四九、一九九三年）。

応仁の乱の二四年前　つぎは、それから二一年後の嘉吉（かきつ）三年（一四四三）、応仁の乱の二四年前。大洪水・旱魃という異常気象の続いた「嘉吉の大飢饉」のときのことです。この年も京では「天下飢饉し、悪党充満す」（『看聞日記』）といわれ、大飢饉のため夜ごと高利貸が襲われ放火され、「みな強盗のせいだ」といわれます。「辺境」の村が飢えると、生き延びるため「京中」をめざし、ときには京の高利貸（土倉・酒屋・寺院など）や富商を襲います。諸国の領主や京の政権に、ほとんど危機管理の力量がなかったこの時代のことです。だから、かれら悪党や強盗の多くは、物乞いとならんで、周縁から京に流れこんだ飢饉難民たちが、自力で生き延びる必死なサバイバルの道だった、と私はみるのです。

応仁の乱の二〇年前　つぎは、それから四年たった、文安四年（一四四七）、応仁の乱の二〇年前の秋のことです。またも「諸国の牢籠人が洛中に集まってきている」といわれ、京は「天魔の所行か」といわれる不穏な情勢になっていました（『建内記』）。さきにみた「諸国の貧人上洛し、乞食充満」と同じ、飢饉難民たちの流入です。このころ、文安二年（一四四五）は各地を大きな台風が襲い、翌文安三年も大洪水で村々の作物が「損亡」し、この文安四年には、大風・洪水・炎旱から凶作となって、三日病・咳病もはやっていました。

しかも、この京を目ざす難民（牢籠人）の奔流と重なり合うように、「徳政」をさけぶ土一揆の大群が、周縁から京に迫ります（後述）。つぎの夏に幕府は、「牢籠人」（飢饉難民）たちの徘徊と集会を抑えこもうと、特別の法を出したほど、京の難民たちは、幕府をおびやかす強力な存在になっていました（『東寺文書』）。

応仁の乱の七年前　つぎは、その一三年後の長禄四年（一四六〇）、応仁の乱の七年前の晩春。京の六条の街角で、死児を抱きしめた女性が、道ばたに泣き臥していると、通りがかりの人が声をかけます。母子は「河州の流民」といいました。故郷の河内（大阪府）はひどい旱魃が三年も続いて、稲も麦もみのらず、領主の取立ても苛酷で、ついに村を捨て、京にのぼって乞食をしていたが、施しの食べ物ももらえず、子は餓死してしまった、というのです（『碧山日録』）。

近畿一帯の村々では、長い旱魃と台風の集中豪雨で秋の収穫の見通しもなく、人々はあいついで村を捨て「流民」となっていました（『碧山日録』）。ことに河内の各地では、やがて応仁の乱の発火点になる、管領畠山家の内戦が四年も続いて、凶作と飢饉を加速させ、多くの戦争難民や飢饉難民をだしていたのでした。土に根ざす百姓たちにとって、村を捨てるというのは、ただならぬ決断であったはずです。

寛正の大飢饉

この長禄四・寛正元年（一四六〇）冬から寛正二年（一四六一）春にかけて、京には餓死した人々が山をなす（『大乗院日記日録』）という「寛正の大飢饉」がはじまります。京では「諸国の者共が乞食となって京都へ上り集る」とか「諸道の人民が食を求めて京師に流入している」といわれ（『経覚私要抄』）、またも首都をめざす周辺難民の大きな奔流が起きていたのです。管領斯波家の内紛で戦争のつづく越前（福井県）河口庄でも、去年の冬からこの夏までに、九二六八人もの百姓が餓死し、七五七人の人々が村を捨てた、といいます（『大乗院寺社雑事記』）。

京では、米穀の蓄えが底をつく寛正二年春の端境期に、将軍足利義政が銭一〇〇貫文を放出して、食物の施しを始めますが、「その数幾千万」という飢饉難民を前に、まるで効果がなく、わずか六日ほどで打ち切ってしまいます（『臥雲日件録抜尤』）。その後は、将軍の後援も受けたらしい願阿という民間の僧が、「勧進」といって京の人々から金品の喜捨を募り、下京の町堂（六角堂）の一帯に仮小屋をたてて難民を収容し、日に二度、八〇〇〇人もの規模で、粟粥などの施しを始めます。しかし飢えた人々は食べたさきから死んでいくので、この施しも二〇日ばかりでやめてしまいます（『碧山日録』）。

この難民たちの流入で、京の住民たちは、またも流入型飢饉とよばれる二次飢餓に襲われます。ある禅僧は嘆きます。「諸国の炎旱、連年の災」、つまり周縁の諸国が数年続きの旱魃と凶作に襲われ、飢饉難民が京に流れこんだが、私たちは無力で何もできない、と（『蔭凉軒日録』）。

ことに食のとぼしい端境期の三月になると、餓死者は鴨川にあふれて流れをふさぐほどでした。五条の河原に三〇〇メートルもの長い堀を掘って埋葬し、五条の橋の上では、将軍が直属の禅宗五山の寺々に指示して、餓死者を供養し飢えた人々に施す、河原施餓鬼を行います。建仁寺には将軍も銭一〇〇貫文を出し、あとは寺々と市民たちの勧進（喜捨・カンパ）でまかなわれました。天竜寺の施餓鬼では、集まった施物（施食）の配分をめぐって、京で物乞いする人々をとりしきる河原者と庭掃たちのあいだで、またも大喧嘩が起きていたほどでした（『蔭凉軒日録』・『碧山日録』）。

こうした飢餓の惨状を、ある高僧はこう批判しています。去年（長禄四年〈一四六〇〉）は、諸国が旱魃に襲われた。そのさなか、河内（大阪府）・紀伊（和歌山県）・越中（富山県）など、管領家畠山領の国々や、管領斯波氏の越前（福井県）では、お家騒動の戦乱が続き、領内の人々は戦争難民・飢饉難民となり、京に流れこんで餓死し、疫病まで広がっている。それは「ご成敗の不足」つまり将軍足利義政の政治が悪いからだ、と（『大乗院寺社雑事記』）。飢餓も戦争もみな将軍の悪政による人災だ、というのです。応仁の乱の原因が早くも見すかされていました。

そのころ、京にあふれた餓死者を供養するため、洛北のある僧が木片で八万四〇〇〇本もの小さい塔婆を作り、遺体の上に一本ずつ手向けていったところ、余ったのは二〇〇〇本だけだった。しかし、洛中でも見落としがあるし、まして洛外の原野や溝の中までは、とても手が及ばなかった。だから餓死者の実数はもっと多いはずだ、という状況でした（『碧山日録』）。流入型飢饉とまでいわれた、数万を超える餓死者の過半は、諸国の村々から生みだされていたのです。村々が飢えるたびに、くり返し首都をめざした飢饉難民たちの奔流。これこそは、応仁の乱が首都に集中したナゾを解く、まず第一のカギだ、と私は予感しています。

それにしても、無数の飢饉難民たちが、なぜ周縁から首都に流れこんだのでしょうか。彼らは首都の街角に立ち、家々をまわって必死に物乞いし、時には強盗や私徳政（後述）を働いて、非人乞食・悪党・土民一揆などと非難されています。

しかし一方首都では、将軍や有力な寺々も時には食物の施しを試み、民間でもボランティアの僧侶が、勧進といって京の人々に銭や物の喜捨をつのり、仮小屋や食べ物を用意して、難民たちを救おうとしているのです。餓死した人々を供養する施餓鬼の催しには、勧進の施物がいつも山のように集まっていました。つまり飢餓と疫病の激しさの前に無力ではあっても、乞食や施しや強盗や私徳政など、首都のもつ生命維持の装置（サバイバル・システム）も、いくらかは作動していた、とみてよいでしょう。死者の数を数えるだけの飢饉論は無意味です。

飢餓のなかのサバイバルの仕組み

都市のもっている飢餓のなかのサバイバルの仕組みといえば、こんな話も伝わっています。十五世紀の初め「天下大飢渇（けかち）」といわれた飢饉のさなか、京の慈恩（じおん）という金持が銭二〇〇万貫文もの私財を投げだして、五条の大橋のかけ替えを始めると、「富者は財（金銭）を施し、貧者は力（労働）を施し」たため、飢えた人々も仕事と食べ物にありつき、ぶじに大橋の再建も成った、といいます（『仲方和尚語録』）。また苔寺（こけでら）で知られる京郊の西芳寺（さいほうじ）でも、同じころの大飢饉のさなか、難民を救うのに「ただ人に物を食わせ、何のなすことも無うては、その身のためも悪い」と考えたある僧が、荒れた庭を復旧しようと、飢えた人々をやとい、日ごとの働きに応じて食べ物を与え、めでたく庭もできた、といいます（『三体詩抄』）。

さかのぼって十二世紀末、平家の軍に焼かれた東大寺大仏殿の再建を進めた僧の重源（ちょうげん）も、折からの飢餓に苦しむ周防（山口県）の人々に食糧と働き口を与えることで、大量の用材をたやすく調達できた、といいます（『東大寺造立供養記』）。また十三世紀半ば正嘉の飢饉（一二五九年）のときも、難民を救おうと京の金持が壬生寺再興の事業を起こし、もっこで土を運ばせ、人々の働きに応じて米や銭を与え、寺もしっかり再建された、と伝えています（『壬生寺縁起』）。

実話か伝承かは別にしても、どの話も筋書きがそっくりで、明らかに一つの型にはまっています。こうした同じ類型の美談が伝えられる理由は、飢饉のさなかに寺や橋や住宅をつくる事業が、ただの施しともちがう、ことに都市だからありえた、飢えた人々を救う社会の生命維持の装置として、作動していたからだ、と私は思うのです。じつは、ずっと古く延暦三年（七八四）に、越後（新潟県）のある富豪が「飢えた者に食を与え、かねてもって道・橋を修造した」（『続日本紀』）といわれていました。飢饉の救済に大がかりな事業を起こす仕組みは、すでに古代から、社会の底に深く備わっていたらしいのです（東島誠「都市王権と中世国家」『王と公―天皇の日本史』柏書房、一九九八年）。

将軍の足利義政も長禄・寛正の飢饉のさなか、まず「花の御所」の復旧をはたし、ついで六〇〇〇万貫文もの資金を投じて、母のための御所つくりに熱中します。しかしそれは、人民の苦しみをかえりみぬ暴挙として、天皇にまで批判された、といいます（『新撰長禄寛正記』）。

じつは私たちも、これを将軍の悪政の極みときめつけ、義政こそは応仁の乱の元凶だ、と非難してきました。しかしこの将軍の悪政談も、筋書きから背景まで、寺や橋の再建の美談とそっくりです。

そういえば義政は、寛正二年（一四六一）の端境期の三〜四月に、五山の寺々に指示し、四条・五条の大橋で大がかりな「施食会」も開かせていた、といいます（『碧山日録』）。

有徳人待望論

ここに、こうしたサバイバル・システムのナゾに迫る、見逃せない情報があります。十六世紀の初め、近江（滋賀県）の湖西のある僧が、飢饉の世（年の辛いとき）を生き延びる心得を説いて、こう語っていたのです。「番匠も、年の辛いとき、有徳の人、造作を流行らする。よろずのものを誂ゆるは、分限者なり」と（『本福寺跡書』）。飢饉になると、世の金持（有徳の人・分限者）は、きそって建築（造作）をはやらせる。だから大工（番匠）というのは、不況に強い職業だ、というのです。

飢餓や不況で働き口も食べ物もなくなったときこそ、労賃も資財も安いので、都市の金持が大きな事業を企てるには絶好のチャンスだ、というわけです。そうなると、あの将軍義政の悪政というのも、じつは飢饉さなかに雇用創出のため公共事業を起こし、手元に集めた巨富と強引に取立てた巨額の税金を放出して、難民たちに働き口を与えた、大がかりな失対事業だった、ということになりそうです。

もしこれが真相なら「年の辛いとき、有徳の人、造作を流行らする」というのは、飢饉あいつぐ中世の世にいつしか備わった、絶妙な生命維持の装置（サバイバル・システム）だった、というべきでしょう。将軍の御殿造りも、寺の再興も、公共の橋のかけ替えも、金持の豪邸つくりも、みなこの生き残りの仕組みをうまく駆使した事業でした。それは、権力者や寺院や豪商が強引に手元へかき集めた巨富を、危機の世に放出し再配分するための装置だった、ともいえるでしょう。

その結果、なにがしかの働き口と食べ物にありついた難民たちの一部は、かつがつ餓死をまぬがれ、彼らを救った坊さんは世に名僧と仰がれ、金持は「有徳の人」（徳のある人）と敬われ、その社会で地位を固めました。世の危機に私財を投じて事業を起こすのは、世の金持のとうぜんの務めで、それでこそ「有徳の人」といわれたのです。

しかし、もしひどい不況や飢饉になっても、金持が蓄財をだし惜しんで、「有徳の人」らしい務めを果たさなければ、世の中はだまっていませんでした。「有徳の人」に「徳」のある行いをつよく求め、実力で富をもぎとる行動に出たのです。その典型が、つぎにみる「徳政」をさけんだ土一揆で、その標的になったのは、土倉・酒屋・寺院など、京の富豪（分限者）たちでした。あいつぐ飢饉を背景に断続した徳政の土一揆というのは、世のサバイバル・システムを力ずくで作動させようとした、いかにも「自力」第一の中世らしい、自力救済の運動だった、と私はみるのです。

なぜ生産地が飢えるのか

では、なぜ生産地が消費地より先に飢えたのか。飢饉難民たちは、なぜ周縁の生産地の村々から、大消費地の首都へ向かったのか。これは大きな問題で、じつに大胆な仮説がだされています。今から五〇年ほど前、敗戦前後の激しい食糧難のさなか、食を求める人々は、いっせいに都市＝消費地から農村＝生産地に向かいました。この都市から村々への「買い出し」の奔流という、私たちのかつての体験と、中世のそれは、まるで動きが逆だからです。

仮説の骨子はこうです。もはや中世の村は、その生産物でまず自分の暮らしを立て、その余りを首都へ移出するという、自然な自給自足の村ではなかった。ことに周縁の村々は、政権都市であり荘園領主の拠点都市でもある首都に早くから従属し、京に食糧や物産を供給する基地（プランテーション）として、地域ごとにきまった作付け（モノカルチャー）が強制され、それを上納し販売することで、ようやく村の暮らしも保証されるようになっていた。

だから、いったん凶作になると、この偏った需給システムをもつ生産地がまず飢えに襲われ、食を求めて生き延びるために、権力があらゆる富を集中させていた、首都を目ざすことになったのだ、というのです。スケールの大きいこの問題提起は、都市社会学者の藤田弘夫氏が『都市の論理』（中公新書、一九九三年）で日本中世史につきつけた重大な宿題です。

さらに、農村の飢饉は食糧の著しい不足がなくても発生する、問題は飢えた人々がなぜ食糧を確保できないのかだ、という経済学者アマルティア・セン（『貧困と飢餓』黒崎卓・山崎幸治訳、岩波書店、二〇〇〇年）の警告もあるのです。

2　首都に迫る徳政一揆

餓死か一揆か

応仁の乱の激しい底流をさぐる、ナゾ解きの第二の焦点は、あいつぐ凶作や飢饉のさなか、「徳政」「私徳政」をさけぶ土一揆（徳政一揆）がくり返し周縁から京に迫った、という事実です。村々から京に流れこんで、餓死するか、徳政一揆に加わって生き延びるか、この二つは「どれも人民の一面であった」（鈴木良一）とみられるからです。

応仁の乱の三九年前　徳政をさけぶ土一揆のはじまり、それは正長元年（一四二八）、応仁の乱の三九年前の初秋におきた「正長の土一揆」です。「諸国悪作、大飢饉」とか「当年飢饉、餓死者幾千万」とか「天下大飢饉」などといわれた、二年つづきの大飢饉のさなかのことでした。

それだけに土一揆の行動は激しく、①「私徳政が発向した」（『廿一口方評定引付』）とか、②「徳政と号して、所々を乱妨した」（『続史愚抄』）とか、③「土一揆が狼藉した」とか、④「土一揆が放火した」（『薩戒記目録』）とか、⑤「土一揆の衆が所々の倉を破った」（『社頭之諸日記』）とか、⑥「御徳政と号して悪行を致す」（『古記部類』）などと、土一揆の詳しい動向を、貴族たちがじつにこまかく観察していますす。いっぽう幕府は、この土一揆を抑えこもうと、軍隊を出動させるとともに、⑦「（兵士は酒屋・土倉に）乱入狼藉をするな」とか（『東寺百合文書』）、⑧「兵士を土一揆に合流させるな」と厳命していました（『薩戒記日録』）。

これが、後に「日本の土民蜂起の初めだ」といわれた、「私徳政」の現実でした。もともと中世で

①発向、②乱妨、③狼藉、④放火、⑤倉を破る、⑥悪行、⑦乱入狼藉といえば、もっぱら軍隊の出動や戦場のゲリラ戦や略奪を意味していました。

土一揆は「土民」つまり百姓たちが兵士たちのように武装し、自らの行動を「私徳政だ」「土一揆だ」「すべての物は元の主に返せ」（万物、本主取るべし、『興福寺大般若経奥書』）とさけんで、まるで兵士たちの市街戦のように、寺堂や豪商への放火をふくむ数々の略奪を、「私徳政」の名で強行したのです。

この「正長の土一揆」は、①酒屋・土倉・寺院などを破壊（破却）し、②資財（雑物）を略奪（恣取）し、③借銭などをすべて破棄（悉破）した「日本の土民蜂起の初め」だと、のちのちまで強く記憶されています（『大乗院日記目録』）。

この正長元年は、将軍の空位、天皇の死という、政治の空白と変わり目にあたり、四月には、応永から正長へ、天皇の代替りの改元が行われました。この土一揆はそれを機に「代替り徳政」を求めて起きた運動だ、とみられています（勝俣鎮夫『一揆』岩波新書、一九八二年）。その上になお、私が注目したいのは、この正長の土一揆も、やはり周縁から京へ向かう、あの飢饉難民とまったく同じ背景と方向をもつ運動だった、という事実です。

この私徳政の土一揆も、収穫期の八月に近江（滋賀県）で起きたのが発端で、つぎの九月になると、山城（京都府）の醍醐（だいご）をへて、ついに京に押しよせたのでした（『満済准后日記』）。ことに「飢饉で諸国の窮民が蜂起し、私に負債を破棄した」（『皇年代略記』）という窮民情報は重大です。周縁の諸国から京へ流れこんだ飢饉難民（窮民）たちと、自力による私徳政の一揆（負債破棄）の深い関係を、じつに鋭くとらえている、というべきでしょう。

応仁の乱の二六年前　ついで嘉吉元年（一四四一）の八月、やはり収穫期に起きた「嘉吉の土一揆」です。「作毛（米の収穫）これなし」とか「日本大飢饉」とか「天下一同ハシカ病」といわれ、やはり凶作・飢饉・疫病のあいついだ年でした。その夏の終わりに、専制をきわめた室町将軍の足利義教が、守護大名の赤松氏に暗殺される「嘉吉の乱」が起き、首都の政界も京の治安も、混乱をきわめていました。

この京の政治と治安の空白のさなか、土一揆は「代始めの徳政には先例がある」とさけんで（『建内記』）、またも代替りの徳政を強行しました。飢餓を背景としたこの土一揆も、近江（滋賀県）など周縁の村々（在々所々）から、きそって京を襲います。すでに湖東の荘園では、地域に負債の解消を宣言する徳政の木札（大嶋奥津島神社蔵）が、村役人たちの手で掲げられていました。

京を守る侍所の京極軍は、これを東山の清水の坂で阻止しようとして、激しい「矢戦」になります。しかし、武装した土一揆の大群は圧倒的に優勢で、軍の犠牲者は五十余人にのぼったほどでした（『東寺執行日記』）。それは、幕府の大名軍の多くが播磨（兵庫県）の赤松攻めに出動し、京はほとんど無防備になっていたからで（今谷明『土民嗷々』新人物往来社、一九八八年）、「赤松打たれ、徳政行く」

（『宝林寺年代記』）といわれていたほどでした。

徳政をさけぶ土一揆は、「四辺の土民蜂起」とか「土民数万」といわれ、東は近江の坂本・三井寺辺から、南は京の南郊の鳥羽・竹田・伏見から、北は嵯峨・仁和寺・賀茂辺からと、周縁の村々から武装して京に押し寄せます。彼らは五条の法華堂をはじめ京の街を襲い、放火・略奪するなど、自力で私徳政を強行したのです（『建内記』）。

もっと迫力にみちた土一揆情報もあります。①中道から東の一揆（鳥羽・吉祥院など）二、三〇〇〇人は九条の東寺に、②丹波口の一揆一〇〇〇人ばかりは中京の今西宮に、③桂川沿いの五ケ庄衆一〇〇〇人ばかりは西八条に、④桂川より西の西岡衆二、三〇〇〇人ばかりは、北の北野社や太秦寺にそれぞれ籠り、そのほかにも、⑤東の出雲路口（鞍馬口）や河崎・将軍塚・清水・六波羅・阿弥陀峯・東福寺・今愛宕・戒光寺など、土一揆の陣地は少なくとも一六カ所にものぼり、京をすっかり包囲して、日ごと京中の有力な高利貸（酒屋・土倉・日銭屋・寺院など）を襲っている（『東寺執行日記』）というのです。このころ京の土倉・酒屋は、六〇〇軒以上にはのぼっていたはずとみられ（脇田晴子『室町時代』中公新書、一九八五年）、あいついで土一揆に襲われたのでした。

こうして土一揆は、京の流通をささえる「七道口」をすべて封鎖し、物資の供給を断って首都の生活を麻痺させ「商売の物なく、京都の飢饉もってのほか」という、二次飢饉（流入型飢饉）においこみます（『公名公記』）。四方の流通路をふさげば京はすぐに飢える。それは平安時代いらいの通例でした（東島誠）。この首都封鎖作戦に負けて、ついに幕府は、はじめて「一国平均の徳政」を告げる広域徳政の制札（徳政令）を、土一揆の主力が集中していた七つの街道口に掲げます。

しかし、借金棒引きの徳政令が出ても、「土一揆なお愁訴（しゅうそ）（異議申立）をふくむ」といわれ（『建内記』）、はんぱな徳政令は、なお土一揆の人々を満足させなかったのです。「日本大飢饉」のさなかに、生きのこりをかけた必死の行動が、土一揆の底辺をささえるエネルギーの根源でした。だから、幕府に徳政令を出させることや、債務の帳消し（狭い意味の徳政）だけが私徳政の目的ではなかったのだ、と私はみるのです。

応仁の乱の二四年前　その二年後の嘉吉三年（一四四三）の秋。京はまたも「天下飢饉、悪党充満」といわれていました。周縁の飢饉で難民たちが京に流れこむ、というパターンの繰り返しです。夜ごと難民たちが強盗となって放火し、京の中枢が数町にわたって焼かれ、あいついで土倉が襲われて質物が奪い取られ、「またも徳政か」と恐れられていました（『看聞日記』）。周縁の飢饉と京の強盗と私徳政は、みなつながっている、とみられていたのです。

応仁の乱の二〇年前　ついで、四年後の文安四年（一四七七）の夏の終わり。「文安の土一揆」が起こります。またも「諸国の牢籠人（ろうろうにん）が洛中に集まる」とか「諸国の牢籠人らが洛中でしきりに乱世（らんせ）だと称している」（『建内記』）といわれました。この動きのキーワードは「牢籠人」です。あまりの凶作に耕すのをあきらめて京に押しかけた飢饉難民と、土一揆のふかい関係を、京の知識人は鋭くみぬいているのです。摂津・河内（大阪府）では土一揆が「徳政行くべし」とさけんで蜂起し、周縁から西岡・嵯峨などをへて京に向かう、土一揆の大きな流れが起きていたのでした（『諸日記』『井関文書』）。前年の長雨洪水つづきに、この年も大台風と洪水と旱魃で凶作となり、諸国は飢えと疫病に襲われていたのです。

都で「牢籠人」といわれた飢饉難民や戦争難民たちが「乱世だ」とさけぶのは、「徳政の行われるべき時だ」という宣言だった、とみられます。中世には「弓矢徳政」といって、弓矢つまり戦乱のときは徳政が行われるべきだ、とされていたからです（勝俣鎮夫）。上京（かみぎょう）の土倉の略奪・放火は悪党・強盗のしわざだ（『建内記』）とされています。しかし、土一揆と悪党と牢籠人（難民）の行動は複合し、区別ができない事態となっていた、というのが真相でしょう。

徳政を目ざすこの「文安の土一揆」もまた、西は西岡（京都府）、南は京郊の鳥羽・竹田（伏見）など、周辺の村々から京に向かいます。土一揆は北の嵯峨の一帯を制圧し、また南の九条の東寺を拠点にして、京の七条の土倉など高利貸に発向し、一帯の家々を放火・略奪し、その制圧にむかった諸大名の軍隊と衝突します（『康富記』『建内記』『東寺執行日記』『井関文書』）。

のちに土一揆の積極的な参加者（張本人）として摘発されたのは、京郊の竹田でわずか一反半の田をつくる与五郎入道という男や、西岡の上久世庄（かみくぜのしょう）の人々で（『学衆方評定引付』『鎮守八幡宮供僧評定引付』）、周縁の村々に住むふつうの村人たちでした。西岡の村人たちは、のちの応仁の乱では「西岡の足軽」といわれますから（『鎮守八幡宮供僧評定引付』）、西岡の土一揆の人々は足軽とも表裏の関係にあったようです。

応仁の乱の一三年前　ついで享徳三年（一四五四）の春。盗賊たちが早鐘を鳴らし「私に徳政と唱え」京の商家を公然と襲っては、奪った獲物を山分けし、「窮民」（飢饉難民）がみなその党にはいっている、といわれます（『臥雲日件録抜尤』ほか）。その秋になると、またも激しい「享徳の土一揆」が起きます。徳政をさけんで近郷の土一揆が蜂起し、洛中を横行しているとか（『康富記』）、土一揆は周縁の村々がひどい旱魃や台風（天下旱損大風）にやられたためだ、といわれました（『大乗院日記目録』）。

この土一揆の行動ぶりは、①近辺から蜂起し、徳政と号して、下京辺に乱入し、土倉を略奪（責徴）しているとか、②ときの声をあげて上京の土倉に押しよせ、高利貸たちは防ぎきれず質物をだしているとか、③酒屋に押し寄せ酒や酒手までださせているとか、④禅寺の相国寺も打ちこわしにあい、寺の貸付金や質物を奪われた（『康富記』）とか、⑤周縁から徳政をさけんで蜂起し、土倉や日銭屋から質物を奪い取っているとか（『仁和寺文書』）、⑥土一揆を防げた高利貸はない（『康富記』）とまでいわれていました。これが土一揆の私徳政の実態でした。

この「享徳の土一揆」の出身もまた、「近郷」とか「都鄙の間の所々」といわれました。周縁の村々から京に押し寄せ、下京から上京まで縦横に駆けぬけたのでした。このときもやはり、どの大名軍の兵士たちも、土一揆の弾圧にはかばかしくは動かず、やはり村々の土一揆と軍の下っぱの雑兵たちとの、深いつながりを感じさせます。土一揆への対応に幕府軍のみせた深い亀裂は、のちの応仁の乱の大きな予兆でした。

土一揆のこうした高揚に、幕府はやむなく新しい徳政令「徳政の御大法」を出します。「借金の一〇分の一を公方に進送せよ」というのがその骨子でした。高利貸（酒屋・土倉・寺院など）から借りた、元金の一〇分の一の銭を幕府（公方）に納めれば、質物は返され、借金は帳消しだ、というのです。そのため、広く「分一徳政」といわれました。幕府が借金をピンハネする、このあやしげな「享徳の徳政令」は、こののち八回にも及ぶ、徳政令の基準になったのです（黒川直則「中世後期の農民一揆と徳政令」『日本史研究』一〇八、一九六九年。同「徳政一揆の評価をめぐって」『日本史研究』八八、一九六七年）。

土一揆の「横行」を冷ややかに傍観していた公家たちも、この徳政令に喜んで、きそって債務を帳消しにしてもらいます。その祝いに、赤飯を仏神にそなえ、客をよんで宴会を催す公家がいたほどです。しかし、この分一の徳政にも不満な土一揆は、なおも土倉を襲い、焼き打ちや略奪をくり返し、「土蔵焼亡」「世上物忩」と報じられていました（『康富記』）。必死な「生きのこり」のエネルギーのすさまじさでした。

応仁の乱の一〇年前　ついで康正三年（一四五七）。その九月末に長禄と改元されたのは、「病患・

旱損（かんそん）等」が理由でした。世に広がる激しい疫病や旱魃を鎮めようと、この改元に世直しの切実な願いがこめられたのです。その直後、改元に呼応するかのように、徳政をさけぶ「長禄の土一揆」が起きます。

村々の旱魃による凶作、あいつぐ荘園の災害控除の要求（『大乗院寺社雑事記』）、それが土一揆の引き金でした。彼らの行動は、①高札（たかふだ）をかかげて集会し、②路次で狼藉を働き、③早鐘をつき、④ときの声をあげて幕府方の軍や土倉の私兵と戦い、⑤放火し質物を奪い取るという、市街戦まがいの迫力でした。

その勢いは、幕府が「山城国中の土一揆」を厳禁するといったほど、周縁の一帯に大きな広がりをみせていました（『経覚私要抄』『蔭凉軒日録』）。京の東郊の山科（やましな）からは「七郷土一揆、京中へ東山より入る」といわれ、七つの村々がかたく連合し、徳政をさけんで京に攻めこんだのです（『山科家礼記』）。京の東寺を領主とする、京の西の西岡の上（かみ）・下久世庄（しもくぜのしょう）もおなじことで、土一揆のあと、一七二人もの村の侍（さむらい）や百姓たちが、領主の求めで、連署して身の潔白を仏神に誓わされていました（『東寺執行日記』）。村々の侍と百姓がまとまって、くり返し一揆する危険を、領主側がつよく感じていたのです（鈴木良一）。土一揆の私徳政をリードしたのは、旱魃と疫病に迫られたこれら周縁の村人たちの組織で、さらに周縁から、多くの「窮民」（飢饉難民）を包みこんで大勢力になっていた、とみられます。

圧倒的な土一揆のため、幕府軍は多くの戦死者をだして大敗し、また分一の徳政をだします。高利貸（土倉・酒屋・寺院など）はせめて略奪（乱妨）だけは免れたいと、これにしぶしぶ従います。ところが、この「長禄の徳政令」をうけて、京中の人々はきめられた銭を払って質物を取りもどしたのに、「田舎者は、ただ取りした」と、京の人々の非難をあびました。田舎つまり周縁から京に押しよせた人々は、幕府のきめた分一の定めを無視し、銭も払わず質物をただ取りした、というのです（『経覚私要鈔』『山科家礼記』）。

しかし、おもえば「山城国中の土一揆」といわれたほど、「田舎者」が土一揆の主流を占めていたのです。だから、やはりハンパな徳政令など問題ではなく、高利貸や豪商から自力で奪い取る「ただ取り」の私徳政こそがねらいだった、とみるべきでしょう。幕府の分一徳政に便乗し、その定めに従ったのは、日々の暮らしが高利貸に深く支えられていた京の人々だけだったという、徳政の内情がよくわかります。

応仁の乱の七年前　ついで寛正（かんしょう）元年（一四六〇）。ここ数年またも厳しい日照・台風・水害が続いていました。それに各地の戦禍も激しく、「天下の人民で餓死するもの三分の二」とまでいわれた、「寛正の大飢饉」が始まります（『経覚私要抄』）。翌寛正二年春の端境期には、諸国の飢饉難民が京に流れこんで、京でも穀物が欠乏し、またも流入型の飢饉となります。この飢餓を背景に、その秋「寛正の土一揆」の第一波が、京で放火や略奪を強行していました。

応仁の乱の五年前　さらに寛正三年（一四六二）秋、「天下疫饉（えききん）、人民あい食む」とまで噂された、極限の飢えと疫病のさなか。土一揆はさらに激しく京の土倉や家々に乱入します。略奪と放火のなか、京の町が三十余町にわたって焼けてしまいます。ある禅僧は「徳政の盗また起る。城外より鼓躁して洛を攻める」といい、意気さかんな土一揆を「徳政の盗」とか「徳政の賊」とののしり、自力で私徳政をはたらく主体は、やはり「城外」の「辺民」だ、とみていました（『碧山日録』）。

山城の西岡では、またも上久世庄の百姓たち八八名、下久世庄の百姓たち六二名が、土一揆には加わらない、濫妨狼藉はしないと、領主に誓わされます（『東寺百合文書』エ）。あいつぐ飢餓のさなか、やはり京郊の村々がきそって土一揆に加わっていたことは確実です。

この「寛正の土一揆」の第二波は京を封鎖し、「諸路通ぜず、米穀至らず」という、兵粮攻め作戦にでて、京を飢餓に陥れていたのでした（『碧山日録』）。この頃、ある僧は「土一揆の乱入で、京の売り買いは一〇日間もすっかり止まり、私などは三、四日も、何ひとつ食べることができなかった。……京中でこれほど多くの人が死んだことはない」と記しています（『寺務方諸廻請紙背文書抄』）。またこの僧は「谷辺のこと、土一揆の城にて」とか「山の木ども、皆みな……切られ」とも語っています。徳政をさけび京を封鎖した人々は、まわりの山々の木を切りつくし、その山あいに「土一揆の城」まで築いていた、というのです。土一揆のすごさがよくわかります。

幕府は軍隊に土一揆の排除を命じます。しかし諸大名軍の兵士たちはやはり動かず、それどころか「大名の内の者（雑兵）」までが高利貸や民家に「土一揆と号し」て乱入し、略奪（雑物取り）や放火を働く、というありさまでした（『大乗院寺社雑事記』）。これに危機感をつよめた幕府は、けんめいに京の封鎖を排除して流通を確保しようとし（『蔭凉軒日録』）、ついで山城（京都府）の一帯で土一揆の張本人狩りを行います。

そのため、東郊の山科郷では、村人二人が徳政の張本人として土地家屋を没収されます（『山科家礼記』）。南郊でも伏見の竹田の村人がつかまって首を切られ、逃亡した者はその家を焼かれました。追及は北郊の松崎や、広く山城から丹波（兵庫県）の村々にまで及びました（『蔭凉軒日録』）。土一揆の大きな広がりがしのばれます。それほどの弾圧をうけても、なお土一揆はやみません。翌寛正四年（一四六三）秋にも「京都に徳政の沙汰あり」（『大乗院寺社雑事記』）といわれ、第三波の私徳政の実力行使がつづいていくのです。

応仁の乱の二年前　それから二年後、応仁の乱の二年前、大風雨、大洪水の続いた寛正六年（一四六五）、収穫を終えた十月、徳政をさけぶ「寛正の土一揆」の第四波です。こんども「西岡(にしのおか)辺に土一揆ら蜂起」「土一揆ら近所に蜂起」と記録されています。やはり京の周辺が土一揆の震源で（『親元日記』）、また九条の東寺にたてこもり、七条辺を襲いました（『蔭凉軒日録』）。幕府は軍の雑兵が土一揆に「同意」するのを重ねて警告します。こんども雑兵たちと土一揆の合流ぶりは疑いなく、首都内戦への明らかな予兆でした。

応仁の乱の一年前　ついで文正(ぶんしょう)元年（一四六六）の晩秋九月にも、大きな土一揆が起きて、「悪党・物取等」が「酒屋」に乱入し、それに雑兵たちばかりか、れっきとした上層の武士たちの騒動も重なり合って、「徳政の沙汰」とか（『後法興院政家記』）、「酒屋・土倉数カ所を打破」などと（『大乗院寺社雑事記』）、土一揆による自力の私徳政があいつぎます。

それればかりではありません。年末には、細川勝元・畠山政長らの軍（東軍）も、山名持豊・畠山義就の軍（西軍）もそれぞれ、軍事費（兵粮料）を出せといって、京中の酒屋や土倉から銭を責めとっていたのです（『大乗院寺社雑事記』）。金を出せば軍の乱暴はやめよう、というのでしたが、もはやその実態は、土一揆と悪党・物取や武士の騒動の区別もつかないほどの騒ぎでした。応仁の乱前夜の激動は、こんな混乱が続けば「洛中人民は餓死に及ぶ」といわれたほどでした。

応仁の乱始まる　応仁元年（一四六七）正月、管領を失脚した畠山政長軍の兵士や悪党等が「処々の酒屋・土蔵、そのほか小屋を多く焼き払い、財宝を奪取」し挙兵する、という事態になっていました。私徳政をしのぐ大がかりな軍隊による徴発と略奪でした。

その騒ぎのさなか、京に「世改め」の噂が広がります（『大乗院寺社雑事記』）。「世改め」は世の生まれ変わりをいい、京には世直・徳政を期待する声が満ちていたのです。その三月には「兵革」つまり戦争の災いを逃れようと願って、応仁と改元されたほどです。しかし世はすでに「大乱」の様相でした。

五月の全面衝突を前に、幕府軍は東西両軍に分裂して、戦争状態に入っていたのです。政権を失った東軍は、京の土倉・酒屋に乱入して、破壊・略奪を重ね（『大乗院寺社雑事記』）、徳政から戦場の略奪へ、首都は激しい内戦にまきこまれていくのです。

3 首都を襲う足軽

土一揆から足軽へ

応仁の乱がなぜ首都に集中したか。そのナゾをさぐる第三の焦点は、戦場の足軽（あしがる）です。応仁元年五月、京に応仁の乱が起きると、それまでじつに四〇年にわたって断続した京の土一揆（徳政一揆）も、この内戦にのみこまれて、いったん消滅し、乱後にふたたび大きな土一揆が勃発する、というのが通説です（村田修三「惣と土一揆」『岩波講座日本歴史』7、一九七六年）。しかし、それは土一揆の武力が足軽に吸収されたからだ、ともみられています（永島福太郎『応仁の乱』至文堂、一九六七年）。

土一揆の消えた首都の戦場で市街戦が始まると、土民（百姓）が「足軽と号し」て略奪を働いている（『大乗院寺社雑事記』）といわれ、あらたに足軽という名の雑兵（ぞうひょう）たちが出現するのです。戦場の主役は土一揆に代わった足軽たちで、「足軽と号す」つまり「おれは足軽だ」とさえいえば、戦場となった京では、略奪も野放しだったらしいのです。「土一揆と号す」「徳政と号す」から「足軽と号す」へ、京のサバイバル（生きのこり）のスローガンの大きな転換でした。

この京の戦場を横行する足軽を、ある貴族はこう激しく批判します。このごろ初めて出現した足軽という連中は、「超過したる悪党」で、強敵のいないところばかり狙って、「所々を打ち破り、あるいは火をかけて、財宝をみさぐる(見)(探)」、まるで「ひる強盗」のような連中だ、と(『樵談治要』)。

またある人は、足軽たちは兵粮が乏しいため、京の商人や職人から、借りるだけといって金銀を奪い取り、返そうともしない、と非難していました(『塵塚物語』)。ただし「超過したる悪党」といっても、ふつう中世で悪党といえば、ただのコソ泥やゴロツキというより、体制に不満をもつ「アウトサイダー」の組織を意味したことに、しっかり注意しておくべきでしょう(小林千草『応仁の乱と日野富子』中公新書、一九九三年)。

さて、戦場の主役となった足軽たちは、「土民・商人」(『樵談治要』)や「中間(ちゅうげん)・小者(こもの)」(『応仁乱消息』)など、庶民や雑兵ばかりだとか、「京中・山城の脇に多かりけり」といわれていました。つまり、これら足軽たちもまた、周縁の村々から京に流れこんだ人々だ、とみられていたのです。またときには「馬上(ばじょう)(武士)は十二騎、野武士(のぶし)は千人ばかり」とか「馬上二十五、六騎、野武士二千人ばかり」(『後法興院政家記』)ともいわれました。おどろくほど多数の野武士・足軽たちが、大名軍(馬上の武士)に雇われて、各地から京の戦場へあいついで乗りこんでいたことがよくわかります。

ただし、土一揆のときは七郷の寄合いを開き、村ぐるみで京を襲っていた京の東郊の山科七郷の村人たちも、この応仁の乱の内戦では、地域の防衛だけに徹し、東西の両軍から要請があっても、よその戦場に出動することは拒否し、どうしても軍が出動をのぞむなら、年貢の半分（半済）を免除せよと、つよく要求していました。また西軍の畠山義就軍にやとわれ「西岡の足軽」をだした下久世庄の人々も、出動の代償に年貢の二五パーセントを控除させていました（酒井紀美「山城西岡の応仁の乱」『相剋の中世』東京堂出版、二〇〇〇年）。ながく徳政をさけんで土一揆を闘ってきた、周縁の村人たちはじつにしたたかで、軍の命令のままに強制的に動員され駆使されつくしていた、というわけではなかったのです。

戦場となった京の街角でも、足軽たちは注目の的になっていました。九条の東寺の近くに住む馬切（うまきり）の衛門五郎（えもごろう）という男が、足軽大将と名のって足軽集めをし、寺に仕える一帯の人々は、きそって雇われていたのです。寺がそれをくい止めようと、一〇五人もの使用人の男たちに「足軽禁制（きんぜい）」を誓約させても、その流れを阻止できないほどでした（『廿一口方評定引付』）。戦場の足軽はよほど魅力のある稼ぎ口であったらしいのです。

足軽の大将たち

足軽の大将といっても、正規軍の部将というわけではありません。「馬切」などといかにも乱暴者らしいあだ名の男が、おれが足軽大将だといって、かってに傭兵隊を作りあげ、東西の両軍のどちらかに、少しでもいい条件で売りこもう、としていたらしいのです。

骨皮（ほねかわ）の道賢（どうけん）という、風変わりなあだ名をもつ、足軽大将も登場します。彼はもともと侍所（京の警察）の代官に下っぱの目付としてやとわれ、京の盗賊たちの消息にもよく通じていたようです。内戦になると彼は、三〇〇人から六〇〇人もの「都鄙の悪党」や「処々の悪党・物取ども」など、京の内外の暴れ者たちを足軽として束ね、南郊伏見の稲荷神社の裏山に陣どり、奈良街道に沿った伏見一帯の村々をナワバリに、東軍にやとわれて活躍していました（『碧山日録』『山科家礼記』ほか）。

一若という男も手兵五、六〇人を率いて赤松軍にやとわれ（『重編応仁記』）、駒太郎という男も足軽の大将（疾足の首）で、また東福寺の門前に住む御厨子という勇みはだの男も、家業はそっちのけに「軽卒の徒」を集めて西軍にやとわれていました（『碧山日録』）。「おれは足軽だ」とさけんで、ゲリラ戦や略奪に活躍する足軽の手下たちのなかには、京に流れこんだ飢饉難民たちも、多かったにちがいないのです。

彼らの風変わりないでたちや行動は、よほど目立ったらしく、きそって異形をした恐怖のゲリラ集団、とみられていました。①手に長矛・強弓を持ち、頭にははでな金色の冑や竹皮の笠や赤毛をかぶり、寒中でも肌をむきだしにして、軽々と飛ぶように疾走しているとか（『碧山日録』）、②徒党を組んで人をたぶらかし、奇襲をかけるとか（『応仁乱消息』）、③甲もかぶらず戈（槍）も持たず、ただ一劔（腰刀）だけで敵軍に突入し、ときには敵将の首をとってくる（『碧山日録』）、などと記されています。

また、④「乱妨人」たちが「足軽と号し」て、家々や寺庵を襲い、家財道具を奪い去っているといわれ（『長興宿禰記』）、⑤応仁の乱のさなか、寺の建具まで解体して運びだす、足軽たちの激しい打ち

家財を奪い運び出す足軽たち。右上の被り物姿の足軽は女性ではないかとの説もある（181頁参照）。『真如堂縁起絵巻』（真正極楽寺蔵）から。

こわしの光景を活写した絵巻（上掲）もあるほどです（『真如堂縁起絵巻』）。⑥さらに「斬首・捕虜の者幾千万」（『心宗禅師録』）と、数多くの人々が足軽たちにつかまって、戦争奴隷にされていたことを示唆する、注目の証言もあるのです。

戦場の主役はじつに多彩でした。足軽たちばかりか「洛中洛外の物取・悪党ども」や「京中・辺土の乱妨人（らんぼうにん）」まで、市街戦に大活躍していました。もともと「乱妨人」の「乱妨」というのは、略奪や強奪を意味することばでした（『日葡辞書』）。乱妨人・悪党・物取などと非難された人々は、足軽などの兵士とは別で、ただ戦いに便乗しただけの、盗賊集団のようにもみえます。

ところが、もっとのちの戦国時代をみますと、たとえば伊達氏は乱妨人を警察の強制執行の武力として（『塵芥集』）、織田信長は彼らを戦場で敵の山狩りに奔走させるのです（『信長公記』）。また下総（茨城県）の戦国大名結城氏は「悪党」たちを忍びや夜討などゲリラ戦に駆使し（『結城氏新法度』）、武蔵松山城（埼玉県比企郡）の小大名上田氏は、籠城戦に備えて多くの物取・夜盗をおおっぴらに募るようになっていきます（『武州文書』）。

略奪品で市が立つ

さらに応仁の乱の内戦の陰の主役は、戦場の商人たちでした。京の戦場には、多くの商人たちが群がっていて、足軽などから略奪品を買い漁っては転売し、もうけていたのです。商人たちは盗品を、戦争のない奈良や坂本（滋賀県）に運んで、「日市」（フリーマーケット）を立てて売りさばいていた、といいます（『応仁記』）。京の東山の祇園社では、戦いに紛れて本尊の牛頭天王の黄金像を打ち砕かれ、戦場の商人に売り払われる始末でした（『祇園社記』『大乗院寺社雑事記』）。

しばしば土一揆の拠点となった京の九条の東寺も、はるか東郊の醍醐の三宝院に、隠物・預物として避難させていた、多くの寺宝を軍兵に略奪されてしまいます。ところがやがて、はるか西郊の八幡（京都府八幡市）の市場で売られていた「鎮守額」や「聖天」像などを、信者が買いとって東寺に寄付してくれ、東寺もその市場で多くの寺宝を買いもどしていました（『廿一口方評定引付』）。

いちど足軽たちに奪われても、日市の立つ京内外の盗品市場をまめに探し歩けば、どこかに売りに出されていて、銭さえ出せばぶじに買いもどせた様子です。戦乱と市といえば「大乱ヲエル時ニ、土民皆カツユル(飢える)、其時(そのとき)、市ヲ立テ、敵味方打(うち)マジワリテ、アキナイヲセルニ、トガメナシ」(『庭訓往来抄』)とか、「何かことがあれば市に行け」といわれたこと(小峯和明『説話の声』新曜社、二〇〇〇年)が思いだされます。戦争と飢餓、足軽・悪党による人や物の略奪、彼らと結託する戦場の商人たちの活躍、大がかりな盗品市場(ブラック・マーケット)のにぎわい。それが応仁の乱のサバイバルの戦場の現実でした。

足軽と号す

では、雑兵たちは市街の戦場で略奪を働くのに、なぜ「足軽と号し」たのでしょうか。そのナゾを明かす注目の証言があります(『大乗院寺社雑事記』)。一〇年ものあいだ京の戦場を荒らし回っていた足軽たちは、応仁の乱が終わって失業すると、新しい稼ぎ場を求めて、きそって奈良へ流れていきます。しかし彼らをやとうのも、大和(やまと)(奈良県)の小大名たちでは、足軽たちにまともな給与(兵粮)をだせるはずもありません。だから、京の戦場とおなじように、奈良でも「足軽たちに打破・乱入を許可するにちがいない」というのです。

京の戦場では、東西の両軍あわせて三〇万人(『応仁記』)とまでいわれた兵士たちに、まともに賃金や兵粮を支給することは、とうてい不可能でした。だから、その代わりに両軍は足軽たちに、市中での打破・乱入、つまり戦場の略奪を公認していたのだ、というのです。じつに鋭い観察だ、というべきでしょう。

つまり、「足軽と号す」というのは、いわば略奪の免罪符で、どこかの軍にやとわれ、あるいは勝手に「おれは足軽だ」といいさえすれば、戦場の略奪は思いのまま。だから「土民」や「乱妨人」や「悪党」まで、飢饉難民を含むさまざまな人々が、京の戦場に殺到し「足軽と号し」て、けんめいに略奪を働いて、自前の稼ぎにしていたらしいのです。

ところが、こうした足軽たちの行動には、土一揆の私徳政との深いつながりを示唆する、意外な見方もあったのです。①京都・山城などの「やせ侍ども」や「土民」が「おれは足軽だ」といって集団で行動し、それはまるで「土民の蜂起」のようだとか、②京都の足軽どもが、土一揆のように寺社に乱入し、略奪を働いているとか、③京都の徳政は足軽どもの沙汰だ、という証言がそれです（『大乗院寺社雑事記』、『同』裏文書）。

応仁の乱の渦中にいた貴族たちの目には、それまで四〇年近くも京で断続的にくり返された土一揆の私徳政と、いま現に「おれは足軽だ」といって京の戦場を集団で荒らし回っている足軽の行動とは、まるで区別がつかなかったらしいのです。あるいは「京都の徳政は足軽どもの沙汰だ」というのは、じっさいに戦場の足軽たちが集団となって、「土一揆だ」とか「徳政だ」とさけんで略奪を働いていた、という可能性さえあるのです。まさに周辺の村々の百姓たちも飢饉難民も、「一揆と戦争のどちらにも組織される状態にいた」（鈴木良一）といえるでしょう。

こうした足軽たちの素性については、もとは周辺の貧民・浮浪民や京の遊民たちだ、という否定的な評価が多いのです（永原慶二等）。その一方、京の戦場の足軽たちの活動も、土一揆の闘いとおなじ下剋上（げこくじょう）の動きにちがいなく、「人民のいわば自己解放闘争のひとつの形態」だった、という肯定的な見方もあります（鈴木良一）。さらには、大飢饉と苛酷な搾取を生きのびてきた、地方の貧しい人々にとって、飢えと怨みから京にでて富を奪おうとするとき、物を盗（と）る罪の意識より、土一揆に近い義憤が、足軽たちの仲間意識を燃えたたせていたという新鮮な見方（小林千草）もあるのです。こうした積極的な足軽の見方に、私はつよい共感を覚えます。それは、足軽＝土一揆＝徳政という、内戦にまきこまれていた貴族たちの足軽観ともよく合っているからです。

おわりに

応仁の乱のあいだ徳政の土一揆はすっかり消滅し、この乱を境にして土一揆は大きく変質する（黒川直則）、というのが通説です。しかし、内戦の渦中に京でささやかれた「京都の徳政は、足軽どもの沙汰だ」という噂は重要です。つまり、半世紀にわたった飢饉難民の流入や、「徳政と号し」た土一揆の奔流は、一〇年にわたった首都内戦のあいだは、「足軽と号し」てその底にもぐりこみ、内戦の深い底流となって貫いていたらしいのです。それが応仁の乱の真相であった、とみるべきでしょう。

それまで京でくり返された土一揆のほとんどは、いつも凶作の年の七月から九月ごろに蜂起し、秋の収穫期から冬の年貢の納期にかけて、各地から大量の年貢米や商品米の集まる、京を襲いました。それは、もともと京にひそむ盗人やコソ泥の略奪とはケタも質もちがう、生きのこりをかけた必死の営みでした。

だから、京中に満ちた土一揆や足軽は、飢餓の世を生きぬくために、中世の社会が生みだした、生命維持の装置（サバイバル・システム）の発動にほかならなかった、と私はみるのです。京に流れて「非人乞食」とよばれた飢饉難民たちも、けっしてただの「不特定多数の存在ではなかったはずだ」という見方（西尾和美）にも、つよい共感を覚えます。

少し大げさにいえば、長く断続した私徳政の土一揆と、応仁の乱の戦場の足軽の行動には、あいつぐ天変地異や悪政や戦争によって、大きく偏ってしまった社会の富を、暴力的に再配分する、という性格があったのではないか、と私はみるのです。同じ想いを、私は『雑兵たちの戦場』でも、つよく感じていたのでした。

土一揆の破壊性をどうみるか

このように飢饉と土一揆の深い関係をみつめ、その激しい破壊性に注目して、幕政の頽廃と自然の猛威のなかで、民衆の行動も一面では混乱や背徳を避けられなかった（永原慶二）、という見方もあります。また、私徳政では質物にかぎらず財物の集団的な略奪も行われていたとか（中村吉治『土一揆研究』校倉書房、一九七四年）、土一揆は破壊性のつよいあぶれ者・あばれ者の集団だった（永島福太郎）という見方もあるほどです。

さらに、その破壊性をもっと積極的に評価する主張もあるのです。徳政の底には、債務の破棄にとどまらず、世の中を破壊し再生するという強い意識が流れており、その行動には、世の富を集積している高利貸などをつぶそうという「世ならし」「世直し」の性格があったのだ、というのです（勝俣鎮夫）。徳政の本質は復活にあったのだ（笠松宏至『徳政令』岩波新書、一九八三年）、ともいわれています。

しかし、これらの説とはまったく反対に、土一揆による放火や略奪は不測の逸脱にすぎず、ほんらいの土一揆は、たしかな統制ある行動をとっていた、という説も有力です（脇田晴子）。もっとつよく、土一揆は自律性のある惣村（そうそん）を単位に整然と組織され、債務証書を「土倉にせまって一人ひとり確認した上破った」のが私徳政の基本だ、と強調する見方もあるほどです（村田修三）。ただこの説でも、一方では「徳政と号する」こと、つまり「徳政だ、と叫んでまわる民衆の一種の熱狂状態の現出」の方が決定的な要素だった、という事実に注意しています。

もしそうなら、武装した土一揆の熱狂状態のなかで起きた、市街戦や放火・略奪を、不測の逸脱とみるのは無理でしょう。もともと中世では、自分たちの身にふりかかった難題は、すべて自分たちの集団の力で解決する、自力救済の行動が、世の中の建前でした。だから、むしろ「万物、本主取るべし」という自力の私徳政こそが、苛酷な中世を生きぬく人々の自然な道であったことになります。だとすれば、飢饉さなかの土一揆が、その多くは「底辺の人民や社会からはじきだされた階層」（鈴木良一）であったことや、「飢餓暴動的な蜂起に陥りやすかった」（村田修三）ことや、「群盗的・略奪者的な要素がつよくあらわれていた」（永原慶二）ことなどを、ありのままの事実として偏見なく認め、その実像をしっかりとみつめるべきでしょう。

その点で、これまでの見方には（私も含めて）大きな偏りがありました。私たちの多くは、徳政をさけんだ土一揆の動きを、みごとに組織された純粋に村々の農民たち（ムラ共同体に包みこまれた人々）が主体となった、秩序と規律ある行動とみて、けんめいに擁護してきました。そのあまりに、彼らのけんめいな自力救済ぶりを、飢餓暴動的とか群盗的といい、さらには人民の敵とか、ときには「社会からはじきだされたよけいもの」のしわざ、などと非難する見方がつよすぎたと思うのです。

こうした否定的な見方では、飢饉難民・戦争難民（ムラ共同体から放り出された人々）となって京に流れこみ、「窮民」「牢籠人」「悪党」「非人・乞食」（『蔭凉軒日録』）などと非難されながら、厳しい自力救済と飢饉と徳政の時代を生きぬこうとした、無数の都市流民たちの必死なサバイバルの営みを、無視し切り捨てることになってしまうからです。

こうした見方を批判して「村を離れ戦争に身を投じたがゆえに、人民の敵であると氏（鈴木良一）

が断定した足軽や流民も、どれほど土一揆と無縁でありえたか」（野々瀬紀美「鈴木良一著『応仁の乱』『日本史研究』一五二）とふかい疑問が投じられたのは、一九七五年のことでした。この真摯なことばに、いまあらためて私はひかれるのです。

歴史のありのままを素直にみることをしないで、きれいごとばかり語ってきたことや、ほんらい都市のかかえる複雑な成り立ちや、数多くの飢饉難民や戦争難民たちの行方を（その大量死を語る以外に）、問題にもしてこなかったことに、いま私は深い反省を強いられています。

もともと難民や流民たち（ムラ共同体から放り出された人々）を大量に受け入れて成り立っていた大都市は、村人（ムラ共同体に包みこまれた人々）主体の共同体とは、その成り立ちが大きくちがうからです。思えば「生き延びる」ために都市を目ざすという切実な事情は、いまもあまり変わらないのです（アマルティア・セン）。

平和と飽食で「死を忘れた」といわれる、幸せな現代の私たちにとって、こんなすさまじいサバイバルの物語は、あまりにも唐突で、偏見にすぎるでしょうか。しかし、現代でも海の彼方からひしひしと伝わる戦争・難民・飢餓のきびしさを感じるままに、「死を想う」のが日常だった、飢餓と戦争のなかの日本の十五世紀へ、けんめいに想いをはせてみたかったのです。飢餓や戦争にしっかり取りくむ歴史学が、いま日本中世史にも求められているのです。

これで私の風変わりな物語も終わります。

京都（政権都市）はあいついで流餓の都となり、くり返し土一揆に襲われ、一〇年戦争の戦場になりました。その内戦は、ついに新たな戦国時代・地域の時代への転機になった、とまでいわれます。その歴史の大きな転換のナゾを解くには、やはり政界の内紛やお家騒動を追うだけでは十分ではないと、おわかりいただけたでしょうか。

ときに中世の終わりの内乱とさえいわれる、応仁の乱の底流には、生きるために首都に向かった、飢饉難民と土一揆と足軽たちの、半世紀にわたるすさまじい生きのこりの営みが隠されていたのです。

それがこのサバイバルの物語の小さな結論です。

三　戦場の村

はじめに

応仁の乱が終わると、戦争も政権もともに地方に拡散していったといわれます。戦国大名と村を中心とした、いわば地域の時代がはじまるのです。戦国動乱といわれる戦国大名たちの地域抗争のなかで、どのような事態が起きていたのか。私の作った巻末の年表は、この時代が慢性的な飢饉の時代であったことを強く示唆しています。その実態を、地域にそくして追究するのが、つぎの主題です。

1　飢餓の戦場

戦火と飢えと

ここでは、駿河(するが)・遠江(とおとうみ)・伊豆（静岡県）の戦場に、飢餓と戦争のありのままの姿を探ってみます。焦点は、戦国大名の雄といわれた、今川氏・武田氏・北条氏・徳川氏らの強豪がたがいに激しく争った、戦場の村や町です。そこでは、果たしてなにが起きていたのでしょうか。

戦国の初め、明応三年（一四九四）八月のことでした。

明応三年中秋のころ、当州（遠江）に乱来る。……村の男たちは頭をかかえて嘆き怨み、里の女たちは幼な児を抱いて逃れ去る。飢えた人々は路傍に満ち、餓死する者も数え切れないほど……。

伊勢長氏（後の北条早雲）の数千の軍に攻めこまれた、遠江（静岡県）三郡の戦場の村のありのままを、ある禅僧はこう嘆きました（『静岡県史　資料編中世』〈以下、同とする〉三―一九四）。

村人たちは、激しい戦禍とともに、厳しい飢饉にも見舞われていた、というのです。戦火に追われるのはともかくとして、その上さらに、「飢えた人々は路傍に満ち、餓死する者も数え切れない」というほど、飢饉にも苦しむ戦場の村の姿を、これまで私たちは、想像したことがあったでしょうか。

巻末の年表を参照しますと、この明応三年には、能登（石川県）や会津（福島県）に旱魃があり、京都でも「炎旱過法」といわれ、懸命な祈雨の神事が行われ、作物の「損亡」が報じられていました。遠江（静岡県）の苦しみは、旱魃のさなかの戦争によるものだった、とみていいでしょう。

この嘆きは、一度だけのことではなかったようです。

駿河（静岡県）久遠寺（富士宮市）でも、もっと前の応仁二年（一四六八）夏には、国の乱（戦争）と年々あいつぐ大洪水（凶作）によって、寺には去年の年貢も納まらず、飢え死にしかけているといわれています（同二―二五四九・二五五七）。

広がる災害

その頃、よその国の災害もひどいものでした。陸奥（福島県・宮城県・岩手県）も「大風雨・洪水」といわれ、奈良や京都では激しい旱魃のあと、夏から秋にかけては一転して「大風雨・洪水」が続き、備中（岡山県）の新見庄では「当年八月に大風吹き、畠のこと、さらに損亡にて候」という被害に見舞われ、松前（北海道）では「春夏に大風・飢饉、人の死ぬもの多し」といわれていました。巨大な台風が日本列島を吹き抜けたらしいのです。

明応七年（一四九八）の秋、広く東海地方の一帯を、激しい地震・津波と暴風雨・大洪水が襲います。死者は数千人とも五千余人ともいわれ（同三―二五〇・二五三）、ようやく実った田畠の作物は腐ってしまい、収穫は何もなかったといいます（同三―二四四・二四七）。

その後も、旱魃・飢饉・疫病が数年にわたりました。永正元年（一五〇四）も、夏から秋にかけて大雪が五度も降る冷夏に襲われた上に、旱魃となり、大凶作のあげく、疫病までが広がりました（同三―三五七・三八〇）。

その晩秋、今川氏親の軍は、伊勢長氏（北条早雲）の軍を助けて、武蔵野（埼玉県）に遠征し、大勝利をおさめます。戦いの終わった戦場は「行く方知らず二千余り、討死・討捨・生捕・馬・物の具充満」という、惨憺たるありさまであった、といいます（同三―三六四）。

勝った今川軍は、まるで国元の大凶作の痛手を、この遠征の戦場で癒そうとするかのように、戦場に散乱する戦死者を身ぐるみ剝ぎ、生きている人を生捕り、馬を奪って引き揚げました。あらゆる略奪は戦場の常であったらしいのです。

生捕の対象は、兵士たちばかりではなく、戦場の村人たちにまで及びます。永正九年（一五一二）の初夏、遠江引佐郡刑部城（細江町）の一帯の村々は、忍び・野伏など雑兵たちの夜討ち・朝がけに、くり返し襲われて、家々は火をかけられ、熟した麦は刈取られ、田植え前の稲の苗代は踏み荒らされました（同三―五六三）。

同十四年（一五一七）の中秋、今川氏親が遠江引間城（浜松市）を攻め落とした時も、「あるは討死、あるは討捨、あるは生捕。男女の落ち行くてい、目もあてられず」といわれ、生捕られた男女はじつに「かれこれ千余人」と報じられています（同三―六五四～六五五）。引間一帯の男も女も、敵兵の手を逃れて、領主の城に避難していたのでしたが、敗戦の惨禍は、この通り村人の上にもおよびました。

大永元年（一五二一）冬には、甲斐（山梨県）に遠征した今川軍は、戦いに敗れて四千余りの軍を失ったうえに、三千余人を生捕にされてしまいます。折しも戦場にいた時宗の高僧は、戦死者の弔いを済ませると、武田方に交渉して身代金を支払ったらしく、生捕られた人々を無事に帰国させていたといいます（同三―七八三・七八六・七八八）。身代金目当ての人さらいも、広く行われていた様子です（『妙法寺記』）。

天文十六年（一五四七）にも、駿河では「乱入・飢饉の日は、大破に及び、沙汰の限りにあらざるか」とありました（同三―一八二五）。飛騨では白山が噴火して、近くの白川郷では「五穀不熟」の被害をうけていました。どうやら、戦場の村はいつも「乱入・飢饉」つまり戦争と飢餓に襲われるのが常であったらしいのです。

天正元年（一五七三）頃、武田方の軍は、遠江周智郡犬居城（春野町）を攻めて、城下で分捕・生捕を働いていましたし（同四―七三二）、天正七年の晩春には、遠江榛原郡牧野原城（金谷町菊川）を攻めた徳川家康軍の足軽たちが、一帯の村々で「男女廿五人・牛馬四つ取」る、という略奪を働くなど（同四―一一九四）、戦場の町や村の人々は、いつも生捕り・奴隷狩りの危険にさらされていたのでした。略奪は広く乱妨とか乱取と呼ばれていました。

田畠を荒らす

戦争による田畠や作物の被害も、大きいものでした。

攻めてくる北条軍に対抗して、駿河の富士郡に出兵した今川義元は、現地の多聞坊（富士市中里）の求めで、寺の安全をつぎのように保障していました（同三―一七四五）。今川軍がこの村で濫妨狼藉や田の稲を刈り取る「苅田」の暴行を働くことを禁止する。また竹木や芋・大豆・野菜などの畠作を、持主に断りなく奪ってはならぬ、と。

また永禄七年（一五六四）春、今川軍が遠江豊田郡に兵を出したときも、野辺郷（豊岡町）の山王社や二俣領（天竜市）の八幡社の求めで、今川軍の兵士が乱入狼藉したり、竹木を伐採したり、作物を荒らしたりしてはならぬ、と兵士たちに命じています（同三―三一八八・三一八九）。

こうした軍隊による安全保障書は、制札とか禁制とか呼ばれ、その軍に味方することを誓い、大金を支払って手に入れるのが、戦国の世の習いでした。そうしない限り、敵の軍隊による田畠の作荒しや牛馬や人の略奪が免れることはできません。戦国の戦場ではあらゆる略奪が正当な行為とされていたらしいのです。

永禄十二年（一五六九）に、遠江へ出兵した武田氏も自軍に、浜名郡の本興寺（湖西市）で、①寺の戸・はめ（羽目板）や、門前の小家を破り取ってはならぬ。②竹木を伐採したり、野菜を掘り取ったりしてはならぬ。③沙弥（しゃみ）や雑人（ぞうにん）の着ているものを剝ぎ取ったり、鍬や鎌を奪い取ってはならぬ、と細かく命じていました（同三―三六三四）。こうした細かい命令の裏で、じつは戦場の村の略奪は、家財や作物ばかりか、家の戸や壁板や門前の小屋から、村人の着物や鍬や鎌などの農具にまで及んでいたことが、よくわかります。

天正十年（一五八二）八月、北条氏も自軍に、駿河（静岡県）の駿東郡泉郷（清水町）で、稲作（作毛）を刈り取ってはならぬ、という苅田の禁制を命じています（同四―一五六四）。天正十七年（一五八九）末、東国侵攻を前に、秀吉も自軍が遠江・駿河・伊豆（静岡県）の三か国の味方の地で人や物を略奪すれば、「一銭切り」の極刑に処すといい、ぬか・わら・薪・さうし（雑事、野菜など）を無断で奪うな、ともいっています（同四―二二八六〜九一）。秀吉軍の行く手にも、じつは激しい略奪があったのでした。

元亀元年（一五七〇）秋には、伊豆の韮山に攻めこんだ武田軍が作（実った稲）を剝ぎ取るという事態が起きています（同四―二四七）。天正元年（一五七三）秋にも、遠江の浜松城の一帯で「民屋一宇を残さず放火し、稲もことごとく刈捨」てていたのです（同四―六九五）。

天正六年（一五七八）年の中秋に、駿河益頭郡の田中（藤枝市）に攻めこんだ徳川家康も、連日のように兵を村の田畠に放って苅田を行わせ、その「苅田兵粮」を二〇〇俵も部下の兵士たちに配分しています（同四―一一四六・一一四八）。つまり、秋の村の戦場の苅田作戦は、「刈り働き」ともいわれる、いわば稲刈り戦争で、食糧の現地調達策でもあったことがわかります。

こうして、いったん敵の乱取（作荒らしや略奪）にさらされると、遠江では、永禄八年（一五六五）冬、「去年の錯乱により、軍勢乱入」のため、年貢は半分納めるのがやっとで（同三―三三〇三）、ついには「遠州国中乱入につき、野原にまかり成」るとまでいわれたほどでした（同四―二二〇六）。戦争で田畠が荒野になってしまった、というのです。北条領であった伊豆でも、国中が戦争で無人になった（「分国中が乱後に退転（逃亡）」同三―三三五一）とか、「乱入ゆえ不作について、進退……逼迫」（同四―一六六五）という戦禍にさらされていました。

こうした戦争による略奪と田畠の荒廃が、村人の逃亡や没落、飢餓を引き起こしていた様子が、くっきりとみえてきます。

2　村の制札、村の避難所

村の抵抗の伝承

敵の略奪（乱取）を免れるには、戦場の村々が敵味方の優劣をしっかり見極め、優勢な敵軍には進んで味方し、制札銭（せいさつ）といわれた大金を払って、村の安全を保障する制札や禁制を手に入れるのが常でした。敵方の大名や制札銭を稼ぎ、「敵地」に「味方の地」を広げるため、大量の制札や禁制をばらまいたのです。

といっても、一枚の制札だけで村の平和が実現されたわけではありませんでした。大名は「軍兵が濫妨狼藉を働いたら、村が実力で排除せよ」と、制札に明記しました（同三―三五〇一、第四章2参照）。制札をもらった村は、軍隊の乱妨を村の武力で排除しても、反逆とは見なさない、制札にあるとおりに平和を実現するのは、あくまでも村の実力次第だ、というのでした。

だから戦場の村は、いつ押し寄せるかわからない軍隊に対して、ふだんから自力で避難・抵抗の拠点を固めていたのです。江戸時代の延宝（えんぽう）二年（一六七四）、見付宿（磐田市）の人々は、戦国の記憶をこう語り伝えていました（『成瀬文書』二三、旧県史料五―一七七頁）。

①戦国の頃、浜松城にいる徳川家康を武田信玄が攻めてくると、その進軍の道筋にあったわが町の

人々は、かねて堅固な場所を選んでおき（能き在所を見立てて）、そこに寄り集まって、町ぐるみで身を守っていたものでした。

②もし年貢の半分は信玄に納めると申し出れば、夜討や乱取（略奪）を免れることもできましたが、わが町はだれもが家康びいきで、信玄に年貢を出さなかったので、いつも武田軍の夜討や乱取にさらされたものでした。

③武田軍に襲われたある夜、町の長老（年寄）衆が相談して、町民を省光寺山に避難させました。やがて夜討の兵たちが引き揚げるのを見て、山の上から声を合わせて叫ぶと、敵軍かと驚いた武田軍は「乱取」（略奪）した物を捨てて逃げて行きました。欲張って乱取した鍋を被っていて逃げ遅れた兵士を、年寄りの一人が追いかけて斬り殺したこともあったといいます。

この言い伝えには、とても興味がひかれます。①で「能き在所を見立てて寄合った」というのは、町の人々が協力して、要害堅固の地に町の城や山小屋を造り上げていた、という事実を示唆しています。町には敵襲から逃れる共同の避難所があったのです。

③の省光寺山もその一つです。現地を訪ねてみますと、見付の北寄りの町外れに今もある、時宗省光寺の裏山のことらしいのです。寺の裏手に広がる小高い丘陵は、今はすっかり開発されて住宅地に変わっていますが、寺の裏手の高台の斜面にある墓地の一角には、わずかに山林のおもかげが残っています。戦国の町の人々は、人さらいを避けてこの高台の森に避難し、夜討・乱取に熱中する敵兵た

ちを見張って、時には逃げ遅れた敵の兵士たちに、追い撃ちまでもかけたのでしょう。

なお②の双方の大名への年貢の半納による乱取逃れは、半手（東国）・半納（西国）と呼ばれ、戦国の世には、敵軍にはさまれた境界の村々の間では、広く行われていたことが知られています。これもまた、戦場の村人たちが身を守る英知の一つだったのです。

村の避難所

戦場の村々は、領主の城や村の山あいなどに、避難所をもっていました。北条軍のつぎのような指示（同四―一五〇六～〇七）が、その事情をよく示唆しています。

さかさはやしの小屋の者共、いずれも赦免候あいだ……、軍勢・甲乙人（こうおつにん）、彼（か）の男女に手指し候わば、厳科に処すべきものなり、

さかさはやしの小屋に籠っている村人は、みな赦免する、もし兵士が村の山小屋にいる「男女に手指し」をしたら、厳重に処罰する、というのです。近くの「布沢の郷」にも同じ趣旨の指示が出されています。

これらの現地を訪ねてみますと、さかさはやしは、おそらく富士宮市精進川（しょうじんがわ）（下条の上野）にある坂林のことらしく、布沢の郷というのはその西隣にある富士郡芝川町上柚野（ゆの）の布沢（ののざわ）のことでしょう。その一帯に広がる山地の間を布沢川の渓流が流れています。

これらの村々の男女が、北条氏の侵攻を避けて、近くの山に小屋籠りしました。しかし、「赦免」

とありますから、やがて両村が北条氏に味方し、大金を払い敵対の罪を赦されたらしく、天正十年（一五八二）三月、この方面の指揮官であった北条源五郎（太田氏房）から、この大名朱印状を交付されたとみられます。

戦場の村で「男女に手指しするな」という大名の指令は、ほかにも例があります。同年二月、同じ駿河でこの北条軍とぶつかった徳川家康も、有度（うど）（清水市）・安倍（静岡市）・益頭郡（藤枝市等）など諸軍の村々に、つぎのように保障していたのです（同四—一四八五〜八九）。

　この百姓ら、子細これあり、朱印あい出だすの上は、当手の軍勢手遣（差）すべからず、もし違乱の輩これあらば、速やかに死罪に処すべし、

こっそり家康に味方した村々の百姓たちは、徳川軍の「手遣（てづかい）・手差（てさし）」を受けないよう、その保障にこの朱印状を交付されたのでしょう。

手遣とは「弓取りも春夏は手遣せず（武士も春夏は兵をださない）」などと、兵を出動させることをいいます。また手指・手差とは「必ず女どもに手さしあるまじ（決して女に手を出すな）」というように、戦場の村で兵士たちが男女を略奪することを意味し、「人取り」ともいわれていました（同四—一四九二）。戦場の村人は、こうした敵軍の奴隷狩りを恐れて山小屋へ避難したのですが、その小屋は、村が自前でひそかに用意した「村の城」といってもよく、戦いに備えてふだんから村人自身の手で作り上げられていた様子です。

3　武装する村・一揆する村

武装する村

戦場の村はふだんから武装し、集団で行動していました。

村どうしの山のナワバリ争いはその典型です。遠江では、浜名郡北原山（三ケ日町）をめぐる争いで、山の木を切り取られた側は、その「相当」（報復）に相手方の村人をつかまえ、身ぐるみ剝ぎ取った上に打擲（ちょうちゃく）した、といって訴えられています（同三―四四二～四四三）。「相当」は復讐のことで、山の木を盗まれた仕返しに、相手の村人を身ぐるみ剝ぎ取っていたというのです。城飼（きこう）郡棚草（たなくさ）村の山野（小笠・菊川町）の争いを裁いた今川氏も「彼の山、少しも切り取る輩（ともがら）においては、衣類・道具を押し取れ」と指示していました（同三―三三四〇）。

伊豆でも、賀茂郡の林際寺（りんさいじ）山（河津町）の木を切るよそ者は、見つけ次第に刀を没収すべし、と定めていました（同三―七八一）。田方郡大平（おおだいら）郷（修善寺町）の百姓は、柿木（かきぎ）郷（天城湯ケ島町）の百姓と炭焼き山のナワバリを争い、相手方の百姓から刀や山道具を没収して訴えられたのですが、大名側はこれを先例によって無罪と裁定していました（同四―一四四八）。駿河でも、富士郡の久遠寺（富士宮市）が寺領の山を乱伐から守るため「山野の事……もし押して切り取り候わば……長鎌・斧を取るべきなり」と定めていました（同三―一八二五）。

こうして戦国の村々では、もしよそ者が村の山を侵したら、現場で相手を捕まえて、腰の刀や鎌や斧など山道具を取り上げ、ときには身ぐるみ剝ぎ取ってしまう（ただし、相手の身柄は拘束しないで釈放する）という実力行使のルールが、「相当」とか「山方の大法」といわれて、正当な行為とされていたのでした。もし村がつねに武装し、鍛えられた集団でなければ、よその実力行使に対抗して、村のナワバリを守り通すことはできなかったでしょう。「復讐は正義」というのが中世の通念でした。

一揆する村

また村々の武力は、しばしば一揆という形をとって現れていました。戦国の終わり近く、今川氏真が武田軍に追われ、駿河国を捨てて遠江国に逃げ出すと、駿河国で武田軍に抵抗するのは、自力で村々を守ろうとする土着の一揆勢ばかりになってしまいました。永禄十二年（一五六九）の春、「山々の一揆中」といわれた駿河国安倍郡の井河・安部（静岡市）の一揆中は、山々へ籠って武田軍と戦い、今川方を応援する北条氏に援軍を求めました（同三―三六一七）。

志太（しだ）郡稲葉郷（藤枝市）の岡谷氏などのように、一揆と共同して武田軍に抵抗する者も少なくなかったようです（同三―三七一七、同四―八・九九）。戦場になった駿河国の中田郷（静岡市）でも、ほとんどの百姓はよそへ逃げますが、海野という百姓は家族ぐるみ安部一揆に加わって「一揆の奉公」に励んでいたといいます（同四―二二一）。有度郡石田郷（静岡市）でも、多くの百姓は戦火を避けて乱中にどこかへ欠落(かけおち)してしまいますが、一人だけ残った百姓の西谷某は、やはり安部一揆に加わって活躍していたといいます（同四―二二二・三五七・六〇二）。戦場の村人たちは、大名だけに頼らず、地域を自力で守るために蜂起したのでした。

天正十二年（一五八四）の秋、駿河国志太郡と益頭郡の六郷（方(かた)の上(かみ)・大覚寺・八楠(やぐす)・越後嶋・ふち牛・関方、ともに焼津市）は徳川家康から、①郷中で相談し、②一五歳から六〇歳の男は一人残らず「一揆に罷(まか)り立」て、③旗は村ごとに白地に中黒の紋をつけた大旗一本と、めいめい腰に指す小旗を一本ずつ、④武器はそれぞれが自前の弓・鉄炮(てっぽう)・鑓(やり)などを装備し、⑤村々の年寄（長老）衆は馬に乗ってその兵を指揮せよ、と細ごまと指示されています（同四―一七四五）。いざという時、大名は一揆（村の武力）に大きな期待をかけたのです。

また、天正十八年（一五九〇）二月、豊臣秀吉軍の攻撃にさらされた北条氏は、最前線に当たる伊豆田方郡東浦の村々に緊急動員を求め、こう指示していました（同四―二三四二）。一〇年まえの「一揆帳」を「本帳」（台帳）として、①鑓の兵を二四〇人、②弓の兵を百七十余人、そのほか、③弓でも鑓でも鉄炮でも、それぞれ手元にある、自前の道具を持った兵六〇〇（三カ）人を動員せよ。④鑓の柄は木でも竹でもいいが、目立つ飾り（二重しで（四手））を付け、長さは二間（三・六メートル）以上、⑤小旗の大きさは自由だが、白地に墨か朱で紋を描け、と。

この駿河と伊豆の例①〜⑤は、大名が村の武力をあてにして動員する方式が、とてもよく似ています。武器も旗もそれぞれ村人たちの自弁で、成人した男たちをできるだけ多く、村ごとに長老の指揮の下に、地域防衛の戦いに動員する。そのことが「一揆」とか「一揆にまかり立つ」などと呼ばれていたのでしょう。

駿河国でみた「山々の一揆中」なども、これとよく似た組織であったに違いありません。これらの一揆は、①~⑤の指示をみますと、大名の作り上げた整然とした動員組織のようにもみえます。ただ、東浦の動員のもとになった「一揆帳」は、「もし先年の帳面(本帳)が実情に合わなかったら……」と大名も心配したほど、現実離れした古い帳簿だったらしく、一〇年もの間、一度も更新されずに放置されていたことになります。どうも、厳しく整った大名の軍事組織が、村々にでき上がっていたようにはみえないのです。

傭兵の軍隊

その証拠に、徳川家康は永禄二年(一五五九)夏に「陣番のとき、名代を出すことを停止すべし」と指示していたほどです(同三―二六八七)。

また、天正五年(一五七七)秋に武田氏は、一五歳から六〇歳までの領民に動員をかけたとき、国の滅亡・民衆の危機を訴えて、出陣は二〇日間だけとするから、夫丸(ぶまる)(雇い人夫)ばかり出さず、武勇の輩を出すように、と強く求めていました(同四―一〇六六)。

あやしげな傭兵ではなく、きちんとした精農・精兵を出せ、というのです。村に緊急の動員を割り当てられても、当人が出て行かず、金で雇った身代わりの人夫、つまり傭兵で済ます。そんな風潮がどの大名領の村々にも広がっていたらしいのです。

永禄十一年（一五六八）の晩秋、遠江国に侵入した徳川家康は、地元の人々（地下人）を味方につけようとして、もし手柄を立てたら、①名字をもつ村の有力者（名字士）には知行（領地）を与えよう、②一般の村人（地下人）には田畠を与えよう、③寺社には山林を寄付しようという好条件で、けんめいに誘いました（同三―三四七七）。

北条氏も翌永禄十二年末から、武田氏との緊張が高まると、駿河国深沢城（御殿場市）など国境（分国中境目）の守りを固めるため、伊豆・相模・武蔵の村々に特別な動員をかけ、「苦労に存じ候とも、お国静謐のために」（同四―一六四）とか「お国にこれある役」（この国に住む者の務め）として最寄りの城の留守番をしてほしい、二〇日交替で、在城中は兵粮を支給するし、奔走（手柄）しだい褒美も望みのまま（同四―一四一〜一四二）、とけんめいに戦争への協力と参加を呼びかけました。

天正十八年（一五九〇）春、秀吉の大軍に襲われたときも、北条氏は武士に奉公する侍（足軽・若党）や凡下（百姓）でも、手柄を立てれば恩賞は望みのままと勧誘しています（同四―二三六〇）。ふつう戦場の手柄で大名から恩賞をうけるのは武士だけであったのですが、この決戦では、下級の武家奉公人や村人たちにまでも、恩賞を与えるというのです。これは苦戦を覚悟した北条氏のとった、明らかに非常の動員態勢でした。

どの大名たちも、本格的に民兵を戦争に動員する組織を、ついに作り上げることはできなかったようです。あるいは、作ろうとしなかったのかも知れません。つまり、大名の民衆動員の態勢が未熟であったというより、むしろ、すでに戦国の世には兵農分離（兵と農の職能は別）という考え方が、広く行き渡っていたのではないか、と思うのです。

村の百姓たちは、村や地域を守るためならいざしらず、国のためだからと説得されても、容易に動かず、首をきるぞと脅されれば村を捨てました。ましてただ働きはありえなかったのです（同三―五一六・一〇三九・二〇一四、同四―一二六四・一二九二）。

4　凶作と戦禍を生き抜く

不作・凶作

戦国の村々は、戦禍ばかりか、さまざまな災害にもさらされながら、領主や大名にくり返し救済を迫り、したたかに生き抜いていました。

天文十八年（一五四九）冬、先にみた駿河国志太郡の内谷（うつたに）村（岡部町）では、不作の損害が四〇パーセントにものぼる、と領主に年貢の減免を求めています（同三―一九五七）。

この年の凶作は、かなり深刻なもので、秋の京都から陸奥にかけては、旱魃で井戸水もでなくなり、大風の災害におそわれました。被害は広く北条氏の領域にも及んでいたらしいのです。

その証拠はつぎの指令です。翌十九年の四月、北条氏は、

国中諸郡の退転（没落・離村）について、庚戌（天文十九年）四月、諸郷の公事赦免の様体の事、

という、大がかりな村々の救済措置を公表し、伊豆国田方郡の牧之郷（修善寺町）や長浜（沼津市）など、広く静岡県を含む、北条分国中の村々の復興に迫られていたのです（同三―一九八〇〜八一）。

その骨子は、①これまでのさまざまな課役（諸点役）をすべて廃止（赦免）し、課税率は村高一〇〇貫文につき六貫文という方式に一本化する。②もし、大名の代官や家来の領主が法外な要求をしたら、大名に直訴せよ。③退転（没落・離村）した百姓で、今日までに還住した者には、借銭・借米を赦免する、というものでした。

それは、①課税の方式をできるだけ合理化し、②凶作に窮した現地の領主や代官の横暴を抑え、③窮迫した百姓たちには借財の棒引きをするという、けんめいな復興策でした。

天文十九年（一五五〇）に問題となった「国中諸郡の退転」という悲惨な事態の裏に、いったい何が起きていたのか。情報は乏しいのですが、前年の四月十四日夜半、甲州に「五二年先（明応七年〈一四九八〉）ノナイ（地震）程」の大地震があった、という証言が記録されています（『妙法寺記』）。その冬、駿河内谷村は四割もの「当損毛（とうそんもう）」、つまり損害控除を求めていたことは先にみた通りです（同三―一九六七）。あくまでも推測ですが、この四月の大地震は、田植えが終わったばかりの東国一帯の

村々と田畠に、大きな被害を与えていたのではないか、と私はみるのです。

翌十九年にも、遠江国豊田郡の犬居三カ村（春野町）では、百姓たちが年貢も納めず、大名に陣番に徴発されるのを嫌い、耕作も放棄し、身柄の追及を逃れて、よその村を徘徊して、領主を困らせていました（同三―二〇一三・二〇九〇・二一六一〜六二）。

この年も畿内から東国にかけては、秋に「大雨洪水、人死す、日本大風、諸家倒壊」（『塔寺八幡宮長帳』）といわれる大雨洪水で凶作となり、「世間餓死いたすこと限りなし」（『妙法寺記』ほか）といわれていました。大きな地震と台風の重なる大災害が、飢饉を引き起こしていたらしいのです。

あいつぐ村の災害

村々の災害はその後も続きます。

弘治二年（一五五六）、遠江国引佐郡井伊領の祝田村（細江町）では「年々の水損、もっての外」と領主に訴えて、三〇パーセントの年貢控除をかちとっていました（同三―二四五七）。その八月、京都も「大風雨、人畜多死、多畝損亡」といわれ（『続本朝通鑑』）、「咳病」で子どもがあいついで死に（『続史愚抄』）、九月には関東も「風損」の被害をうけていました。一方、関東では「天下旱」という大旱魃の情報もありました。

翌弘治三年、駿河国志太郡市辺郷（藤枝市）でも、耕地が河に流された（河成）といって「損免」つまり減税を求めています（同三―二五九五）。この夏、近畿地方では「大旱魃」となり、秋の東北地方では「洪水、大飢饉あり」とありますが、『続応仁後記』は、その秋の近畿一帯は「国々数多洪水」となり、さらに高潮による洪水で、数知れぬ死者がでたと伝えています。

永禄三年（一五六〇）秋、遠江国長下（ながしも）郡の浅羽・柴（浅羽町）・江河（浜松市）などが「近年、水損ゆえ不作」のため、水路を改修して新田を開く大工事が進められていました（同三―二八〇三）。この年は、夏の終わりまでひどい日照り続きであったのが、秋は一転して長雨となり、三年病といわれた疫病が流行し、相模や越後や会津では、大名の徳政も行われていたほどでした。その冬に、越後の上杉謙信は初めて関東出兵をしかけているのです。略奪ねらいの飢餓対策かと疑われます。

永禄九年（一五六六）、駿河国田方郡の丹那（たんな）郷（函南町）では、大風の被害（風損）で多くの百姓が退転（没落・逃亡）したといって、大名の家来にあたる村の領主に、課役の減免を求めます（同三―三三一八）。その前年、美濃では「諸国不熟、万民餓死」（『荘厳講執事帳』）と記録されています。伊豆国田方郡西浦の重洲（おもす）（沼津市）でも、八人の百姓が伊豆の各地ばかりか、相模の各地にまで欠落（逃亡）していましたし（同三―三三五〇）、西浦の木負（きしょう）（沼津市）でも、百姓たちが二年分も年貢を納められず退転し、「分国中、乱後に退転」といい、北条氏に迫って年貢などを軽減させていたほどです（同三―三三五一）。諸国で飢饉が伝えられた年でした。

今川氏は「当国諸損亡の年」といい、「勢州（伊勢）より関東へ買い越す米穀」について、駿河今宿の商人衆に特別の指示を与えました（同三―三三六二）。大商人たちを通じて、大がかりな凶作対策が講じられていたのでしょう。「分国中、乱後に退転」ともありますから、伊豆の浦々の退転は、災害による田畠の損亡と戦争の被害が重なった結果であったことは明らかです。

翌永禄十年春、駿河国駿東郡の泉郷（清水町）でも、本百姓や小作人たちが、春の作付けを前に、自分の村の田畠を領主に返上して、よその村の田地ばかり耕作したり、年貢を滞納したまま欠落して近くの村々を徘徊する、という事態が起きていました（同三―三三七九）。陸奥では「大飢渇（だいけかち）」により「飢死」（『塔寺八幡宮長帳』）といわれ、畿内では激しい炎天続きで、田畠は「皆損か」（『多聞院日記』）といわれていた年のことでした。

村人の田畠をすてた徘徊は、それでもけんめいな生きのこり策でしたが、訴えを聞いた今川氏は、そんな百姓や小作は村を追放し、あとには新百姓を入れよ、欠落百姓などは見つけしだい捕まえ、大名に突き出せ、と強硬に指示しています。それほどに、百姓たちの逃亡があいついでいたことをしのばせます。

元亀二年（一五七一）頃、その同じ泉郷で、百姓窪田十郎左衛門に使われていた、四家族七人が欠落して、近くの伊豆の村々（田方郡弥勒寺・賀茂郡立野）のほか、遠く武蔵の府中（東京都府中市）にまで足を延ばしていました（同四―三二六）。その前の年は、東海地方は「暴風烈風し……作毛皆損す」（『武徳編年集成』）といわれ、その次の年もまた六〇年ぶりの大台風（『当代記』）という、災害続きの年でした。

天正元年（一五七三）、駿河国駿東郡の八幡郷（清水町）の四家族一五人を含む二一人もの小百姓たちが、伊豆の鎌田（伊東市）・田方郡田中（大仁町）をはじめ、相模から武蔵の一帯にまで、欠落していました（同四―六一二）。「兵革」の難を逃れようと、秋のはじめに改元が行われた直後に、広く各地が秋の大台風に襲われた年でした。

ひとびとの逃亡先には、小田原・藤沢・鎌倉・江戸・河越など、地方の城下町や大きな町場の多いのが目を引きます。村で生きられない人々は、遠い町場に必死の働き口を求めました。戦国のサバイバル（生きのこり）の焦点には、やはり地方の都市的な町場が登場していたのです。あの応仁の乱の底流にみた、飢饉難民が都市を目ざしたことが、あらためて思いあわされます。

天正四年（一五七六）**末**、駿河国駿東郡でも口野五カ村（沼津市）の百姓たちが、日損（旱魃、日照り続きによる被害）・水損（大雨による被害）を理由に、課役の減免を北条氏に求めて、二年続きの「半分ご赦免」をかちとりました。この年、陸奥の会津では、「旱魃」により徳政を行い、駿河の口野ではあいつぐ「日損」「水損」に、大名は「百姓の納得なしに、課役をかけてはならぬ」とか、「非分の沙汰がないように」とくり返し、村々の領主の横暴を抑えようとしています（同四―一〇二九・一〇七七）。土着の領主たちも、あいつぐ戦争や凶作に窮して、村人と対立を深めていたらしい様子がみえてきます。

天正八年（一五八〇）**二月**、北条氏は同じ口野で「四カ村（駿河国駿東郡尾高・田連・多比・江浦）

の百姓退転」が起きたため、年貢三分の一を今後三年間は赦免する、という措置を講じています（同四―一二八一）。武蔵でも「郷中不作」で村人が逃散（打明）を起こして、年貢の三分一の免除をかちとっていました。

諸国で「疫病流行」（『日本災異志』）が広がっていた年でした。

戦火の国境

なぜか、百姓たちの退転は、国境に集中しています。北条と武田軍の対立のさなか、駿河・伊豆の国境に「双方の境目の人民沈淪（没落）」（同四―一二一九）といわれ、敵味方のぶつかりあう境目の村では、とくに住民たちの窮迫がひどかった模様です。

天正八年、駿河国の村から敵地へ六人もの百姓が欠落し、彼らの名田や屋敷などは、武田氏に没収され、村に残った三人の百姓に分け与えられ、年貢の完納が求められていました（同四―一三一一）。戦争はとりわけ境目の村々の暮らしに、深刻な影響を及ぼしていたのです。

天正十三年（一五八五）、その春、伊豆国の田方郡平井郷（函南町平井）では、欠落した百姓をもとの村へ「召返」すために、北条氏はけんめいな「赦免」（減税）策を講じていました。その前の天正元年（一五七三）にも、村人の退転で、年貢がわずか半分しか納まらなかったことが思い出されます（同四―七二七）。

それでも、大百姓の四郎左衛門尉が、あえて境を越えて敵地に欠落しますと、北条氏は残った田畠を村に残った六人の百姓たちに「出作」させ、課役も村（惣百姓）に共同に負わせる措置をとります。こういう耕地の連帯責任の仕組みは、「惣作」などといって、広く各地でとられていたのです。

にもかかわらず、この四郎左衛門尉のように、国境を越えて敵方の村に欠落する百姓は、ほかにも少なくなかったようです（同四―一七七八）。それだけに、北条氏の対策も、けんめいで厳しいものでした。

北条領の百姓たちの中に、「他国する」といって、村を捨て境目を越えて、敵地に住み着いてしまう者がいる。すでに今川氏は北条家に逃れて、駿河国は北条領と一体になったのだから、旧今川領に住んでいるからといっても、もはや課税の追及を免れることはできない。……もし自分の村の田畠を放置して、よその郷に出作をすれば、一族もともに処刑する。

もともと村々の百姓たちは、大名同士の激しい対立を利用し、国境の両側（敵味方）の村々を自由に行き来して、出作・入作をつづけ、それぞれの村では、退転とか欠落といって、たくみに年貢や課役を免れていたのでした。

駿河国駿東郡大平村は、こう言い伝えています。この村は駿河・伊豆・甲斐の国境にあり、三つの大名からかけられる軍役に難儀したが、「虚病を構え、あるいは発心（にせ出家）し、他国へ出る」などと、偽って軍役を務めない者も多かった、と（『大平年代記』天文年中）。いくつもの領域にまたがって生きる。それは、つねに戦乱にみまわれる国境の民たちの、したたかな生きのこり策であったのです。

今川氏が滅びて、武田氏に占領された遠江国の戦禍も大きく、城飼郡の中村郷（大東町）では多くの百姓が「所々に沈淪（没落）」する事態になっていましたし（同四―七六五）、白羽郷（御前崎町）でも「沈淪百姓等」をどうやってもとの村にもどすか、が深刻な問題となっていきます（同四―一〇九六）。

天正十八年（一五九〇）春、徳川家康が遠江国を検地してみると、山地の引佐郡の久留米木村（引佐町）では、「不作」というのが三三筆もあり（同四―一三〇四～〇五）、同じ引佐郡の渋川村（引佐町）では、田畠の五六パーセントほどが「当不作」（同四―一三一一～一六）という、深刻な耕地の荒廃状況が明らかになっていました。

村を捨てる渡り奉公人たち

天災や凶作、戦争や領主の横暴の被害は、重なりあって村々を襲いました。しかし、多くの村人たちは年貢を何年も滞納し、領主から大幅な損害控除をねばり強くかちとり、ある村人は大名を見限って、村と耕地を捨てて、遠くの町場や敵地へ欠落するなど、したたかな生きのこり策を講じていたのでした。

苦しい村暮らしを捨て、武家の奉公人となり、自由に奉公先をかえて、少しでもましな奉公先を探し、おおらかに世間を渡り歩く人々も多かったのです。彼らはもっぱら乱取など戦場の稼ぎが目当てで、稼ぎ場を探して放浪する彼らの気ままな動きは、しばしば新旧の奉公先の主人＝武士たちのもめごとの種になって、大名を悩ませていたのでした（同三―二〇一四・二一八三）。

たとえば、今川氏の家来の尾上家から逃げ出した、ある被官百姓が、長いこと遠江国周智郡天方（森町）の辺で奉公しているのを見つけて、尾上家が大名に訴えます。「奉公先にいくら掛け合っても返そうとしません。何とかしてください」。そう訴えられた今川氏は、もう一度だけ相手に交渉し、それでも返さなかったら、逃げ出した被官を見つけ次第、その場でつかまえてしまってもいいと、もとの主人（尾上氏）に認めていました（同三―一三六五）。奉公人のもとの主人といえども、逃げた先の新しい主人に無断で力ずくで連れ戻せば、新旧の主人どうしの争いになるため、どの大名法でも堅く禁じていたほど、大名の介入が必要だったのです。

また、天文十五年（一五四六）中秋には、遠江国引佐郡祝田（細江町）で、その村の地主百姓に仕える貧しい百姓（脇者や下人）たちが、かってによその地主に奉公したり、成人の祝いに烏帽子親・烏帽子子の契約を結んだりするようになり、地主百姓たちの間でも深刻な問題になって、村の談合が求められています（同三―一八〇六）。

これには北条氏も手を焼いて、「もしよそに奉公するときは、もとの領主や代官から、はっきりした暇（縁切）の証文を取ってからにせよ」と命じていたほどです（同三―二〇四八）。

今川領でも、村の百姓はその領主に奉公するのが原則で、勝手に奉公先を変えるのは認めない、というのが建前でした（同三―二五六八・三〇五〇）。永禄二年（一五五九）の今川義元は、つぎのように定めています。

奉公人が先の主人に暇乞いもしないで、よそで主取りしたら、見つけしだい、今の主人（当主人）に断った上で、処分せよ。もし、その奉公人をこっそりよそへ逃がしたら、今の主人を処罰する。

また同じ年、徳川家康も、互いの与力が別の人に契約したら処罰する、と定めています（同三―二六八七）。同じような奉公人の掟はどの戦国大名の法のなかにもよく見られ、村を捨てて傭兵になろうとした、渡り奉公人たちの激しい流動ぶりがしのばれます。

村人のあいつぐ離村に手を焼いた北条方の領主は、天正元年（一五七三）秋、伊豆西浦五か村（重洲・三津・長浜・向海・重寺〈沼津市〉）の村人を、けんめいにつぎのように説得するのです（同四―六七二）。

村へもどったら、二度と欠落など考えぬことだ。もうどこへ行っても、人の主になど成れない世になってしまった。きっと侍（足軽や若党）も（中間や小者のように）裸足で主人（武士）の草履をとるような時代になる。無鉄炮な考えをやめて、村で百姓に精を出すのが一番ではないか。

たしかに、村を捨て放浪する、村人の欠落の裏には「人の主になろう」という、村人の一攫千金の夢もひそんでいたのでしょう。しかし、戦国の終わりには、その道も閉ざされようとしていたのでした。

村に平和を

戦争も災害も絶えず、飢えた戦禍の村々をどうやって復興するか。それは大名にとって、危機管理の能力や存在理由を問われる大問題でした。ことに、農繁期を迎えた、占領したばかりの戦場の村では、緊急な課題でした。

天文十六年（一五四七）九月、三河国に進出した今川義元は、占領した額田郡（ぬかた）の山中七郷などに、このように指示します（同三―一八五九）。去年の一乱以前に敵方の者から借りた金銭は、（たとえその者が今は服従をゆるされていたとしても）返すには及ばない。もし「一乱以前の借り物」を返せ、と催促にくる者がいたら、大名に告発せよ。敵方の債権と味方についた者の債務を、ともに破棄する、と。

今川氏ももっと早くから、よく似た措置をとっていました。天文五〜六年（一五三六〜三七）「河東一乱」といわれた、富士川をはさんだ今川・北条の戦いでも、駿河富士郡河西の金貸し（銭主）が「逆心を企て」て敵地へ逃亡してしまったという理由で、同七年に「この乱入以前の借銭・借米の催促は認めない」と、借金の破棄を、現地で宣言していたのです（同三―二一三一・二〇七〇）。

のちに徳川家康も、永禄七年（一五六四）、三河一向一揆に勝った直後、「こんど敵方になった者からの借りは、いっさい返してはならぬ」とか、「敵方の寺内から借りた米や銭は、返してはいけない」などと、敵方の債権をすべて否定し、味方には徳政の措置を講じていたのです（『蓮馨寺文書』『本光寺文書』『譜牒余録』）。戦後に敵方の債権を否定し、味方に徳政を行うというのは、戦後復興策の一環として、戦国の世には広く行われていたらしいのです。

また、戦禍の村を逃れ、耕作を放棄して山小屋に避難した人々をどうやって早く村に返し、荒廃した村の立ち直りを図るか。それもまた、戦後の大きな課題でした。

伊豆国田方郡の村人は、どうせ作付けしても、もし戦場になればせっかくの苦労も水の泡、と初めから諦めて、春になっても作付けしようとせず、大名の北条氏を苛立たせています。大名は「当作のこと、寸歩も残さず仕付けよ」とか、「先の戦火で逃散したときの被害は、領主が少しは何とかする」などとけんめいに説得して、村人に耕作させようとしていたのです（同四―一二八二）。

元亀元年（一五七〇）正月、駿河国に進出した武田軍の穴山信君（あなやまのぶきみ）が、庵原（いはら）郡承元寺（静岡市興津）の門前と村の百姓たちに、「早く村に帰れば、諸役などは免許しよう」と保証しています（同四―一四九）。また、天正二年（一五七四）七月、武田氏は遠江国榛原郡の吉永郷（大井川町）を保護して、村に帰ってきた村人（還住の地下人）に自軍の兵士が濫妨狼藉するのを禁じ、もしこの命に背けば厳重に処罰する、と村の安全を保障していたほどです（同四―七九〇）。

同じ天正二年、ある男が武田氏に、駿河国富士郡の富士下方（しもかた）（富士市）に、新しく家七軒を建て、村人（地下人）たちを住まわせ、開発の拠点とし、田畠荒野の復旧に当たりたい、と申し出ます。武田氏はこれを歓迎して、課役（棟別・普請役）を免除しよう。ただし、その働き手はもとの村の根本の課役を負担するような正規の成員でない者だけを集めよ、と指示したのです（同四―八六一）。村の労働力の確保が深刻な問題になっていたことがしのばれます。

天正十四年（一五八六）ころの春には、駿河国志太郡犬間（島田市）の領主は、よその郷から大勢の人を集めて、この郷へ引っ越し、いくらでも荒地を耕せば、一年も二年も年貢を免除しよう、と約束します（同四―一八四二）。

同十五年の春先、徳川家康も駿河国富士郡厚原・久爾郷（富士市）の百姓二一人に、

①畠や屋敷地を耕して田を広げても、二年間は安い畠年貢のまま（低い課税率）にすえおく。

②新たに開いた田畠も、二年間は年貢をかけない（免税）。

③その地に新しい村（新宿）ができても、やはり二年間は課役を免除する。

と約束しています（同四―一八八九・一九〇〇・一九〇六）。この「新宿」も、戦禍の村を再興する、新たな開発の拠点であったのです。

しだいに戦争が少なくなって、平和が広がるとともに、戦場の荒稼ぎから、村の復旧や開発へ、有利な条件の稼ぎ場に殺到する人々の流れが、古い村を過疎化するほどの勢いで広がろうとしていたのです。戦いの後に、村も大名もまた新しい難題をかかえこんでいたわけです。

還住の制札

やがて豊臣秀吉の軍が北条方の最前線であった伊豆の一帯を占領し、新しい支配をくり広げます。天正十八年（一五九〇）四月、秀吉側近の山中長俊は、伊豆狩野の田代郷（修善寺町）のために、秀

吉から「当郷還住の御制札」をもらってやります。

その還住の制札には、

①村人（地下人・百姓）はかならず還住せよ。

②秀吉軍は還住した村人の家に陣取りしてはならぬ。

③還住する百姓に不法行為（非分）をするな、麦毛（熟した麦）を刈り取ってはならぬ。

と明記されていました。

同文の制札は、伊豆国の各地の村々に、いっせいに交付されていきます（同四―二三九九・二四三八～五五）。村に帰れば課税を免除し、村の平和と暮らしの安全を保障するというのが、村人を村に返す還住策の基本でした。

一方、同じ頃、家康方の本多正信は駿河国駿東郡大平郷（沼津市）の星谷氏に「伊豆はすでに（秀吉から）家康に与えられた」と、伊豆が早くも徳川領になったことを告げ、

豆州の在々に小屋入り（避難）している百姓衆は（安全を保障するから）山小屋を出て村に帰り、田畠の仕付けを始めよ。代官の伊奈熊蔵とよく協力せよ、

と呼びかけ、本格的な伊豆の支配に乗り出しています（同四―二四二九）。折から麦秋を迎え、田植えの時限も迫っていたからです。

現地の施策を任された徳川方の代官伊奈熊蔵（忠次）は、五月初めから、百姓たちが村にもどって

耕作を始めれば、年貢は安くし、種籾（たねもみ）もほしいだけ貸そう、と戦禍の村の立ち直りに懸命でした（同四―二四六二〜七一、『静岡県史　通史編』3、六〇頁以下参照）。

秀吉の奉行を務める浅野長吉も、伊豆国修善寺の村にこのように保障していました（同四―二四二三）。

秀吉軍は、①村の作毛（麦）を奪うな。②百姓の持ち歩く諸道具、ことに弓矢・鉄炮は、山中で害獣（猪や鳥）を防ぐために必要だ、奪い取ってはならぬ。③この地域の支配は前々の通り修善寺に任せる。④温泉にやって来て、村に狼藉を働く兵士がいたら、村（百姓中）の力で捕まえて突き出せ。

②の諸道具はふつうは百姓の農具をいいますが、ここではとくに村の武具を問題にしています。すでに秀吉の刀狩りが発令されていましたが、害獣の多い山間の村には、刀・脇指はもとより、弓矢や鉄炮も所持を許すというのです。また③は秀吉の世になっても、何も変わらないと言明して、村人の心を安堵させ、④相手が秀吉軍の兵士でも、狼藉を働く者には、村が実力で立ち向かい、自力で逮捕する権利も保障する、としたのです。

おわりに

つまり、戦国の村が武装し自衛する権利を引き続き認め、村の実力に頼って地域の治安を維持しよう、というのでした。村に平和を約束し、村の武装も治安維持の権も必要なものとして認め、年貢は安くし種籾も領主が保証しよう。これが新しい時代（近世）を迎える、村支配の原則であったのです。

四　村の武力と傭兵

はじめに

中世の村が自前の武力をもって武装し、村の権益や平和を自力で守っていたという事実は、最近では広く知られるようになってきました。ところが、その村の武力の実像となると、村の成員権をもつ家のオトナを指揮者とし、若者を兵力の中心とした軍事編成が、おおまかに想定されるだけで、まだ曖昧な点が多いのです(1)。

武装する村の実力行使には、当然のことながら、多くの死傷者を伴うのが常でした。その犠牲に備えて、中世の村のなかには、あの「ものくさ太郎」型のお伽話（ふだん村に養われ、いざというとき村の身代わりにされた太郎）が示唆するように、村人の嫌がる夫役（労働）の務めや解死人（贖罪）の役をひとに転嫁するため、牢人や乞食など犠牲となるべき者を、村としてふだんから扶養しておく、という習俗のあった形跡が濃厚なのです。

しかも、その習俗を背景として、解死人など村の犠牲になったのは、村のなかで差別され、共同体の外におかれていた人々がことに多かった様子で、(2)「村のために進んで犠牲となった牢人の子孫たちが、永く村に庇護され、ついには差別をうける結果となった」という伝承が、被差別民起源譚の一つの類型を形づくっているほどです。(3)

このような村の武装と身代わりの習俗、つまり村の武力と差別との根深いつながりを想定するとき、村の武装それ自体にも、身代わりの犠牲者(スケープゴート)、つまり差別された人々を「村の傭兵」とする習俗が、早くから組み込まれていた可能性があるのではないか、と推察されるのです。これがここでの主題です。

1 ある村の乱世―駿河の『大平年代記』から

兵士に抵抗する村人

駿河国駿東郡の大平郷の一帯には、『大平年代記』と呼ばれる年代記の諸本が伝わっています。(4) そこには、この地域の戦国期の記憶が、じつに個性ある筆致で克明に描かれているのです。

たとえば、戦国大平郷の一帯は「三ケ国の争い、別して騒がしく、殊に当初は国堺にて」といわれた、苛酷な国境の戦場でした。

北条・今川・武田の三大名の激突にさらされた、境目(さかいめ)のこの村では「地下人(じげにん)まで軍役に難義」(天文五年〈一五三六〉条)しましたが、したたかな村人たちは「虚病を構え、或いは発心し、他国へ出候者もこれあり、種々偽り、勤めざる者多し」（同十四年条）という、サボタージュの行動をとったといいます。あいつぐ戦時の軍役に、村人は黙々と従ったわけではなく、虚病（仮病）・発心（出家）・他国（欠落）など、大名の軍役逃れに、じつに多彩な「偽り」の行動をとって対抗し、「不勤者」が多かった、と語られているのです。

戦争がさらに激しくなると、

諸浪人、在々へ入り込み候て、米穀等・金銀も無躰に押領し、手に手に用心計り、朝暮れ渡世も相成り難し、　（元亀二年〈一五七一〉条）

という事態になった、といいます。村々はいつも浪人や雑兵たちの略奪にさらされ、米穀や金銀を奪われたため、その対策（用心）に追われて、落ち着いた暮らし（渡世）もままならなかった、というのです。

ところが、ときには村人も牙をむき、雑兵三人が村の百姓の家を襲い、大豆や米など食い物を奪って逃走するのを、追撃して一人を打ち取り、二人を撃退した、とも語られています。村人じしんも武力による反撃を試みていたのでした。

また村では、こうした雑兵たちの目に余る略奪ぶりを大名に訴え、元亀三年（一五七二）秋には、北条方の奉行所に申請して「御制札」を交付してもらい、村の寺の門や名主の家の門などに立てたところ、軍隊による竹木濫伐や濫妨狼藉が少しは収まった、というのです。この記事は、大名から買った制札が村のどこに立てられたか、を示す具体例としても興味をひかれます。

『年代記』の秘密

さて、年代記には、その制札が、つぎのように写し取られています。

一、①山林・竹木・枯枝等に至迄、不可伐取事、若相背候者候ハヽ、可為曲事候条、②幷諸浪人乱入狼藉仕候輩有之ハ、其所之穢多等ニ申付捕置、早速可申出候、以上

この制札の本文は、①山林竹木濫伐の禁制と、②乱入狼藉の禁制を合わせた形ですが、①と②のつながりに、やや不自然さがあります。もとは別条（二カ条）であったのかも知れませんが、制札の原本は伝えられていないため、写しによって真偽を論じるのは、むずかしいところです。

もとは享保期（十八世紀初頭）ころの成立か、とされる『年代記』だけに、後世の潤色や加筆の疑いも排除し切れず、戦国期（十六世紀末）の確かな記述だ、と断定はできないからです。しかし、村の乱世の実像を描いた多彩な『年代記』自体の記事には、みな後世の創作だといって排除しきれない、いかにも戦国らしい迫力が随所に感じられます。

右の制札の前半の①と後半の②に、それぞれよく似た北条氏の制札の原本二通が、同じ駿東郡の八幡郷に伝わっています。先にあげた制札写の確かさを見極めるために、比べてみることにします。つぎに前半を（1）、後半を（2）として示すことにします（原文のまま）[5]。

（1）竹木濫伐の禁制[6]

右八幡之森竹木、一切不可伐、自今以後可相林、万乙伐者有之者、見逢搦取、可申上者也、仍如件、

（2）濫妨狼藉の禁制[(7)]

右当手之軍勢甲乙人等、濫妨狼藉致之に付ては、可処死罪、少も不可致用捨、若当郷の者不及手柄者、簱本へ来、可申上者也、仍如件、

この（1）と（2）は、それぞれ①・②と文意がよく似ています。それだけに、問題の大平郷にも、①・②をそれぞれ一カ条とする、独自の原制札が伝存した可能性も、いちがいには否定できない、と思うのです。とくに注目されるのは、②の文言です。もし諸浪人の竹木濫伐や乱入狼藉があれば、その所の「穢多」等に申付けて逮捕し、大名に「申出」つまり直訴（じきそ）せよ、というのです。

つまり、大名は村に対して、竹木濫伐や濫妨狼藉を働く自軍の雑兵たちを、A村人が実力で逮捕して直訴せよ。そのために、B地元の「穢多」の武力を使え、といっているのです。

「其所の穢多等」という「そのところ」は、同じ地域に住む「穢多」たち、という意味にちがいありません。しかし、この『年代記』には、ほかに「穢多」の記事が見当たりませんし、また広く戦国期の村の武力に、「穢多」の関与を伝える例があるのを、私はまだ知りません。Aの村による逮捕・直訴の文言も、Bの「穢多」の中世の村の傭兵としての関与についても、まだ本格的に検討されたことはないのです。

そこで、まずはじめ（「2　村の禁制と手柄」）に、Aの村の自力を前提にする「捕置」「申出」、つまり村による逮捕・直訴を許容する文言は、他の禁制に一般化できるかどうかを問い、つぎ（「3　武装する被差別民」）に、Bの中世の「穢多」の武力を他に検証することができるか、について検討を試みましょう。

2　村の禁制と手柄

禁制と村の武装

さて、大名が制札や禁制によって、村の平和を保障するといっても、それを実現できるか否かは、禁制を出した大名側の責任ではなく、もっぱら村の自力に委ねられていたらしいのです。

この点は、（1）竹木濫伐禁制の末尾に、「もし森の竹木を伐る者があったら、見逢（みあ）いに搦（から）め取り、申し上げよ」と付記し、（2）の濫妨狼藉禁制の末尾に、もし軍勢が禁制に背いて濫妨狼藉を働き、どうしても「（当郷の者の）手柄（てがら）（自力）に及ばない時は、籏本へ来て申し上げよ」といい、双方に共通しています。この時代、「手柄」は自力の同義語としてよく使われたことばでした(8)。

もし、眼前にくり広げられる雑兵の無残な竹木濫伐や濫妨狼藉を放置したままで、村が遠方にいる大名のもとへ訴えに走る、などという事態を想定するとすれば、あまりにも現実離れに過ぎるでしょう。村が自前の武力で制札内容の実現に努めることは、北条氏から村宛ての禁制や制札にとって、自明の前提であったのでしょう。以下、北条氏の禁制や制札について、その例証をあげてみましょう。

その早い例は、永正九年（一五一二）十二月の武蔵の本目四カ村宛て制札です（『戦国遺文』後北条氏編一―二七号、以下は遺文一―二七のように表記する）。そこには「当方家来は、諸事もし申す者あらば、此の制札を見せられ、横合(よこあい)の義申す者を、此方(こなた)へ同道あるべし」と明記されています[9]。大名の兵士の乱暴（横合）者を村人が連行（同道）せよという以上、兵士の「横合」を抑止し「同道」を強制するには、もっぱら村の武力が予定されていた、とみるのは当然の解釈でしょう。

つぎに、天文十七年（一五四八）二月、武蔵の荏原(えばら)郡本光寺宛て制札でも、寺中の濫妨狼藉や門戸竹木の破壊を禁じて、

もし此旨にそむくにいたらば、相い搦め、承るべく候、すなわち成敗せしむべき者也、

（遺文一―三二六。遺文一―六九二も同旨）

と明記されていました。村々が逮捕（相搦）・直訴（承る）すれば、大名は直ちに処刑（成敗）する、というのです。

さらに永禄元年（一五五八）五月の、撰銭(えりぜに)禁令の制札では、法度(はっと)に背いて銭を選ぶ公方人(くぼうにん)・奉行(ぶぎょう)人(にん)（と号するの者共）は、

其の郷の代官・百姓出逢い、搦め取るべし、若(も)し権門に恐れ、得仕合致さずこれあるにおいては、

則時に目安を認め、箱に入れるべき也、（遺文一—五八〇）

といい、「出逢」は「出合い」で、つまり村が共同で出動し「搦取」（逮捕）せよ、もし力及ばなければ目安（訴状）を書いて、箱（目安箱）によって直訴せよ、と指示していたのです。

村が兵士を処刑する

ところが、永禄四年（一五六一）六月、北条氏照が武蔵の福生郷に与えた「当方軍勢甲乙人等」の乱妨狼藉排除の制札では「もし違背せば、討捨つべき者也」（遺文一—七〇四）といい、村の武力による「討捨」（現場で乱暴な兵士を処刑すること）までも認めているのです。

また、これは年未詳ですが、伊豆（静岡県）の護摩堂に与えた寺内の濫妨狼藉禁止の制札でも「からめ取り、罪科に処すべし」と明記しています（遺文五—三八一七）。この「罪科に処す」は村による処刑を意味しています。

天正十二年（一五八四）十月、上野（群馬県）の箕輪衆宛て条々では、館林領での竹木濫伐を禁じて、「郷中へ入る者は、即刻、搦め取り、打捨てたるべし」（遺文四—二七五八）と明記しています。どれも、自分の軍隊の逸脱者にして、村の逮捕権と制裁権を認めているところに、「打捨」と明記した禁制の特異な意義が認められます。

ただし、このように村に制裁権を付与するとした「打捨」明記の禁制は、今に伝わる禁制や制札の全体からみれば、数は多くはないのです。多くの禁制は、村による逮捕と直訴の権限を併記するか、単に村の直訴権だけを付記するか、のいずれかだからです。

たとえば、永禄九年（一五六六）十二月、武蔵の今井郷宛て禁制では[10]、「もし違犯の輩これあらば、速に搦め捕り、披露を遂げるべし」といい、逮捕（搦捕）と直訴（披露）を認めています（遺文二―一〇〇二）。同十年九月、武蔵の飯田郷領主・百姓中宛て濫妨狼藉の禁制では、あわせて作荒し・竹木荒しも禁じ、たとえ「公儀の御中間・小者」でも「御一家衆・家老・何の被官」でも用捨（容赦）せず、「則ち搦め捕り、岩付（城の）当番頭へ披露を遂げるべし」（遺文二―一〇三八）と、同じく逮捕と直訴を村に保障していました。この「披露を遂げる」は、じかに大名に訴えること、つまり直訴することを意味します。

同年十月、武蔵の平林寺宛て禁制も、作荒し・竹木荒しなどの狼藉を禁じて、もし狼藉する者がいたら「速に搦め捕り、披露を遂げるべく候」といいます。もし狼藉を見逃（用捨）した領主・百姓は罪科に処す（遺文二―一〇四四）と、やはり村々の力量による逮捕・直訴の徹底を求めていました。

同じ永禄十一年正月、相模の大井宮宛て「仰せ出ださる条々」でも、竹木荒しや下草刈りを禁じて、違反するものは「相い搦め、申し上ぐべし」といい、「手柄にならざる者については、名を聞き届け、目安をもって申し上ぐべき事」とし、やはり逮捕・尋問・直訴（申上・目安）を認めていました。ただし、兵士が狂暴でとても村人の手に負えないときは、名前を確かめて提訴せよ、というのです（遺文二―一〇六五）。

この「相搦」と「手柄」は同じことで、ともに村の自力による武力行使を意味します。同年十二月付け、駿河の八幡郷宛て（前掲）・口野五ケ村宛て・久見沢郷宛て・某宛ての一連の北条家禁制は、「当手の軍勢甲乙人等（ぐんぜいこうおつにん）」の濫妨狼藉を禁じて、不法者は死罪に処す、少しも用捨してはならぬといい、「もし当郷の者、手柄に及ばざれば、旗本へ来たりて申し上ぐべし」（遺文二―一一一五～一九）として、村の自力に及ばぬときは直訴せよ、と求めていました。元亀元年（一五七〇）十月、武蔵の愛染院宛て軍勢甲乙人の横合非分の禁制にも、「すなわち相い搦め、なお手柄におよばずについては、交名（きょうみょう）を記し、披露あるべし」（遺文二―一四四五）とあります。「交名を披露せよ」というのは、兵士たちの犯人の名をなんとか調べあげて、名簿で告発せよ、というのです。

これらにいう「手柄」とか「用捨するな」というのが、自分の軍隊の濫妨狼藉について、村の自力による濫妨の排除、を積極的に認めている文言であることは、まず疑いないでしょう。

身構える村

永禄十一年（一五六六）十二月の駿河の興法寺宛て禁制には、速かに搦め捕りて披露せよとあり（遺文二―一一三二）、同十三年八月、駿河泉郷宛て「作毛刈取」の禁制にも、搦め捕り申し上げよとあります（遺文二―一四四〇。遺文二―一五〇九・一七四二も同旨）。いずれも逮捕（搦捕）と直訴（披露・申上）を保証したものです。

天正六年（一五七八）八月、上野（群馬県）の発知谷（ほっちだに）・石倉村・川上・もく宛て北条家の狼藉禁制は、

「権門を恐れず、すなわち郷中として搦め捕り、申し上ぐべし」（遺文二―二〇一四～一七）といい、やはり郷中として逮捕し直訴せよ、と明記しています。天正八年八月、北条氏舜の相模（神奈川県）の東郡宛て鳥取り停止の法度は、もし禁令に背く者がいたら、「その在所の者ども出合」い、侍・凡下にかかわらず、不法者があれば、直ちに道具を没収し、玉縄城（鎌倉市）へ届け出よ、没収した道具のほか褒美も与えると、もっと具体的に指令しています（遺文三―二一九〇）。村人の「出合」（村による軍事の共同）の許容は、先の永禄元年（一五五八）の撰銭禁令にも見られたことでした。

天正十三年正月の上野の鹿田・高根郷・善導寺宛て禁制も、軍勢甲乙人の濫妨狼藉を禁じて、不法者は「搦め捕り、披露を遂るべし」（遺文三―二七六三・二七六七・二七七三）と逮捕・直訴を指示しています。それは同年四月の下野の小山領宛て禁制（遺文三―二八〇二～〇三）、同八月下野の卒島・上野の新町宛て禁制（遺文三―二八四三・二八五二）でも同じことです。同十一月、下総の市野・宮の木宛て禁制でも、「則時に搦め捕り、披露いたすべし」と同じですが、さらに「惣じて中へ人寄せるべからず候」と付記して、濫妨狼藉の有無を問わず、村々に立ち入る「当軍の者」をいっさい排除することまでも、徹底して郷中に保証している例もあります（遺文三―二八九四～九五）。

以上のような例からみますと、北条領国においては、禁制・制札の実現（北条軍の濫妨狼藉犯人を排除すること）が村々の手柄（自力）に委ねられ、村の武力による犯人の逮捕・直訴を原則とし、時には犯人の打捨までも認められていたことが明らかになってきます。ですから、逮捕・直訴を許すという文言をはっきりと明示しない禁制や制札でも、禁制の実現に村の自力が予定されていた可能性は大きい、とみるのが妥当でしょう。

つまり、禁制が戦時を中心に広く出され、禁制違反者の村の武力による排除が原則とされていたとすれば、こうした禁制の実現は、村の手柄、つまり村による自力（村の軍事の共同による逮捕）の態勢を、自明の前提にしていたことになるはずです。大名にとっても、村が武装しているものは当然のことであった、というべきでしょう。

思えば、村が非常事態に備えて、乞食など差別された人々を、村の犠牲者として、ふだんから扶養していたのも、村どうしの相論ばかりでなく、こうした「手柄」「出合」など、いわば戦国の村の日常的な臨戦態勢の一環にほかならなかった、とみる必要がありそうです。

こうした事実をもとに、さらに踏み込んで考えますと、略奪ねらいの大名軍の濫妨人の暴行に対抗するような、危険極まる武力行使に備えて、村が村の正規の構成員のほかに、いわば村の犠牲を肩代わりする「村の傭兵」を用意していた可能性も、当然のこととして、想定せざるをえないのではないでしょうか。

3　武装する被差別民

傭兵たちの面影

そこで、第二に検討してみたいのは、先にみた大平郷の制札写②のBにあった「其所の穢多等に申付け……」という文言です。この文言通りに解釈すれば、戦国期の「穢多」は自ら武装し、竹木濫伐の監視、乱入狼藉の排除など、近隣の村の武力行使を支える重要な要員として、期待されていたことになるでしょう。『大平年代記』には傍証がないのですが、「村の傭兵としての穢多」の存在を、戦国期被差別民のあり方の一側面を示す徴証として、一般化できるかどうかは、大きな問題です。

中世の傭兵像の事例といえば、私には「異類異形（いるいいぎょう）ナルアリサマ、人倫ニ異ナ」るといわれた、もとは播磨のある寺で書かれた、鎌倉末の「悪党」の描写が、一つの典型として思い出されます[11]。

正安・乾元ノ比ヨリ、目ニ余リ耳ニ満テ聞ヘ候シ、所々ノ乱妨、浦々ノ海賊、寄取、強盗、山賊、追落シヒマ無ク、異類異形ナルアリサマ、人倫ニ異ナリ、柿帷ニ六方笠ヲ着テ、烏帽子袴ヲ着ズ、人ニ面ヲ合セズ、忍タル体ニテ、数ス不具ナル高シコヲ負ヒ、ツカ・サヤハゲタル太刀ヲハキ、竹ナガエサイバウ・杖バカリニテ、鎧腹巻等ヲ着マデノ兵具更ニナシ、カヽル類十人、二十人、或ハ城ニ籠リ、寄手ニ加ハリ、或ハ引入レ、返リ忠ヲ旨トシテ、更ニ約諾ヲ本トセズ、博打博奕ヲ好テ、忍ビ小盗ヲ業トス、武士方ノ沙汰、守護ノ禁制ニモカ、ハラズ、日ヲ逐テ倍増ス、

（『峯相記』）

およその大意をたどりますと、こんな風になるでしょうか。

至るところで乱妨・海賊・寄取・強盗・山賊・追落など、人や物の略奪を働く悪党たちは、その出立ちも所行も、世の常の人とも思えない。非人風の柿色の帷を着て、女ものの六方笠をかぶり、烏帽子・袴を着けず、人と顔も合わせず忍び歩き、竹で編んだまちまちな矢籠を背負い、塗りの剥げた太刀をはき、長い竹の撮棒や杖を手にするだけで、鎧や腹巻も帯びていない。彼らは十人、二十人と群れをなし、雇われれば、分かれて籠城にも城攻めにも加わり、あっさり寝返るのが常で、けっして決まった相手には雇われず、ふだんは博奕を好み、忍びの小盗みを業とする、したたかな傭兵集団だ、というのです。

ここに描かれた「異類異形……人倫に異なる」というのは、偏見に満ちた鎌倉期の悪党像というよりは、むしろ、ほんらい自立した強力な武力集団でもあった被差別民たちの傭兵としての一側面を活写したもの（あるいはその実像に対する屈折した観察）であった、とみる余地もあるのではないか、と私はおもうのです。

被差別民の武装といえば、一般に、中世被差別民の職掌の一つに刑吏・警察の機能があったことはよく知られています。彼らはしばしば検断（身柄・家屋・資材・雑具などの没収）の現場で、徹底した壮烈な執行にあたり、時には都の一大武装集団として、その姿を現す、と注目されています。[12]

被差別民たちは、検断権力の末端に雇われ利用されることで、初めて武装集団の性格を帯びることになった、というのが通説らしく、刑吏役を被差別身分形成の指標とみる考え方もあるほどです。[13]これを推測しますと、刑吏役を負わされるようになってはじめて、権力から武器を与えられ武装するようになった、と理解されているかのようにも思われます。

しかし、もしこのような見方があるとしたら、それは果たして妥当なのでしょうか。そもそも「自立し武装した集団」というのは、中世社会の諸集団に共通する、いわば中世的な属性であったのです。だから、被差別民だけをほんらい非武装の集団であった、などと予定するわけにはとうていいかないでしょう。中世社会の被差別民もまた、もともと独自の武装を備えた自立的な集団であったのではないか、というのが私の考えるところです。

武装する被差別民

以下、この見方で、被差別民（非人・長吏・河原者・犬神人など）の武装の徴証を見直してみましょう。

中世の「穢多」の武力といえば、「穢多」の確実な初見とされる『天狗草紙』に、つぎのように描かれています(14)。

ある天狗、酔狂のあまり、四条河原辺にいでゝ、肉食せむとしけるに、穢多肉に針をさしておきたるを、しらずして……穢多童にとられて、くびをねぢころされにけり、

天狗までも捕えて殺してしまう、強力の担い手に対する、恐怖のイメージがここにはありそうです。またその絵詞（えことば）も、「おそろしきもの」として、

ところさびのふる剣、あかき（赤木）のつか（柄）のこしかたな（腰刀）、穢多がきもきりまでも、おそろしくぞおぼゆる、

と記しています。「穢多」が「おそろしきもの」とされるのは、彼が身に帯びる肝斬という鋭利な武器のゆえでもあったというのです。こうして「穢多」の確実な初見は、彼らのもつ武器や武力への恐怖を重ね合わせて語っていることになります。

また、つぎは鎌倉後期、十三世紀の中ごろ、清水坂と奈良坂の非人相論の例です。一方が「小法師原を相語らい……打ち入り長吏を殺害」し「存外の闘戦に及んだ」とか、「近江国金山の宿に籠居して、城郭を構えた」とか、「数多の勢を相具して上洛……兵具皆もって取られた」と告発すれば、他方もまた、相手方が「清水坂には城郭を構えた」と反論しています。

相論（訴訟）文書での告発だけに、こうした応酬には過剰な反応や誇張もあるにちがいありません。しかし、非人たちの集団がもともと兵具をもって武装し、大勢で敵方に打ち入って闘戦し、時には城郭を構えてこれを防ぐという、多彩な軍事行動に練達していた集団であった、という事実そのものまでは、否めないのではないでしょうか。

また弘安元年（一二七八）三月、奈良の春日社の裏山に逃れた神の使いである鹿殺しの犯人を追って、山狩りした際には、奈良七郷の郷民のほかに、北山非人の集団も、山狩りの武力として雇われていました。[15]

重要なのは彼らの軍事力の行使が、ごく日常的なものであったという事実です。室町初期いらい、京の町の犯罪や未進の強制執行（住宅等の破却）などの検断に、京都の祇園社が犬神人の武力を駆使した事例は『八坂神社記録』などに満ち、ほとんど枚挙に暇ないほどです[16]。

政治的な事件にも、それはかなり顕著です。

たとえば、文和元年（一三五二）閏二月、祇園社では、下北小路白川の「一向宗堂仏光寺破却」に「犬神人をもって、一向宗の奴原の住宅を撤却すべし」と、犬神人の武力の動員が画策されていたといいます。のち寛正六年（一四六五）正月、山門による山科本願寺攻撃（大谷破却）に、叡山西塔院等の「アク僧五十人バカリ」と共に、兵力として動員された「御近所ノ悪党等」というのは、大谷に近い東山の犬神人たちでした。このとき延暦寺は「公人ならびに犬神人等」による無碍光衆の退治・本願寺の撤却を、祇園社に指令していたのでした[17]。

広く悪党と呼ばれた中世の武装した傭兵たちには、犬神人などの被差別民の集団が数多く含まれ、祇園社の犬神人が山門の警察権を行使する武装集団であったことは、よく知られています[18]。

先に『峯相記』でみた悪党像は、おそらくその一端で、もともと被差別民の武装集団という属性は、狭く犬神人だけのものと限定すべきではないように思われます。

応安四年（一三七一）四月の京都で、騒動の死者から剥ぎ取った衣装を、誰がとるかをめぐって、祇園社の犬神人が清水坂の河原者と争ったとき、河原者たちは「多くもって甲冑を帯し集会」して気

勢をあげ、犬神人を威圧した、といいます。(19)

応永三十四年(一四二七)六月、祇園会の日に起きた少将井の駕輿丁(かよちょう)二〇〇人ばかりと宮仕(みやじ)三〇人ほどの喧嘩では、公方小舎人(くぼうこどねり)・雑色(ぞうしき)(駕輿丁方)と犬神人(宮仕方)が、それぞれに「合力」加勢して、「半時ばかり戦い、両方に死人これあり、手負い数を知らず」という、ほとんど戦闘の状態となっていた、といいます。(20)

嘉吉(かきつ)三年(一四四三)四月、松尾社の国祭の日、神輿が東寺西辺を神幸中に「駕輿丁と神人ら喧嘩に及び、数十人手負死人これあり、神輿あるいは矢を射立て、あるいは血気に穢る」という戦闘となりました。(21) 犬神人だけではなく、駕輿丁・宮仕などが、それぞれほんらい自立した武装集団であったのは、疑いありません。

嘉吉元年(一四四一)十一月、嘉吉の乱後に、戦い敗れた赤松満祐らが、都大路を見せしめに引き回されたときには「河原者千人、兵具を帯してこれを警固す」といわれていました。(22) これら河原者一〇〇〇人の兵具を、すべて臨時に幕府から貸与されたものとみなすのは、あまりにも不自然でしょう。のち文明十三年(一四八一)四月、六条河原への犯人護送にも「川原者数百人、前後を守護」した、といいます。(23) 延徳二年(一四九〇)二月には、京の玄通寺の「河原者喧嘩」で、大館氏の殿原(とのばら)二人・中間(ちゅうげん)一人が死ぬ、という事件も起きていました。

これら一連の記事から見ますと、その武装が周知の犬神人ばかりでなく、広く河原者たちもまた、その卓越したゲリラ的な武力によって、公武の軍事や検断に雇われる、自ら武装した集団であったことを、ありのままに認めるべきではないでしょうか。

なお、このように見れば、中世末の『信長公記』にいう、石山合戦のとき大坂の「木津ゑつ田が城より、一揆（一向一揆）共競出で、住吉浜手の城（信長方）へ足軽を懸け」という記事や[24]、秀吉による備中（岡山県）高松城の水攻めのとき、「並ゑつたが城へ又取懸け候処、降参申し罷退き、高松の城へ一所に楯籠るなり」という記事にみえる[25]、摂津・備中の「ゑつたが城」というのも、独自に武装し自立した「穢多」城がいくつも存在した事実を示唆するものとして、見逃せないことになるでしょう。

4　近世の村の武力像

村の盗賊取締令から

じつは『大平年代記』の「穢多の武力」の記事から、私はまた江戸中期によく出された、「穢多」の武力に期待する村の盗賊取締令をも思い出しています。

たとえば、宝暦十年（一七六〇）七月、領内の寺方から盗賊徘徊の訴えをうけて、信濃戸田家（松本藩）の出した、大庄屋廻状がその一例です[26]。村の盗賊を逮捕するのに、戸田家中の同心中の手勢の

ほか、

御領分中穢多どもへ仰せ付けられ、怪敷者(あやしきもの)は搦め取り、又は手及ばざるに候はば、打ち殺し候て苦しからず、

と自力追及を指示し、さらに村方へも「もっとも村々にても廻り番人」を出して「随分きびしく用心」せよ、と指示していました。

この「御領分中穢多どもへ仰せ付けられ……搦め取り」は、戦国の『大平年代記』の「その所の穢多等に申し付け捕え置き」と、文脈がそっくりです。「御領分中の穢多どもに仰せ付けて……搦め取」れという指令が示すように、村の武力の尖兵として、十八世紀に「穢多」の武力が期待されていたことは確実です。あの『大平年代記』の記事は、こうしたシステムがじつは戦国期までさかのぼることを示唆しているのではないか、と私は推測するのです。

盗賊は村内外の共同の武力によって搦め取り、もし手に余れば打ち殺してもいい（「近郷之者迄出合、からめ取べし、若及難儀おゐては、討留可申事」寛文十一年五人組帳前書）。それは戦国いらい近世に一貫する在地の治安維持システムであったのではないでしょうか。

ごく最近、重ねて「村の武力」を説いた塚本学氏は、こうした村の武力の担い手が、江戸時代の全期間を通じて、①「家の武力」から、②「村の武力」へ、さらに③「村抱えの武力」へと、大きく三

つの段階を経て変化する、と論じています。[27]すなわち、

①はじめ、特定の草分け百姓的な親分衆の家々に担われた、在地小領主層の家の武力とほとんど区別できない、「家の武力」であった。

②ついで、自立した百姓たちの家連合の共同行動による「村の武力」へと変化する。

③さらに、村雇いの武力に転換する。この「村抱えの武力」は、村の安全を擁護するにもかかわらず、村人の下におかれ卑賤視される。しかし、その一方では、穢多頭の非人支配権が、村の武力掌握権を掣肘（せいちゅう）した。

というのです。

この①～③にわたる村の武力の三段階説は、江戸時代の村の大きな構造変化を見通して構想されているだけに、まことに整った、魅力ある仮説です。ことに「村抱えの武力」を最後の③段階に位置づけ、また、被差別民が村に抱えられたというより、村に雇われた結果、差別をうけるようになった、とみている点は、通説の裏付けもあって、大きな重みをもっています。だから、仮に『大平年代記』にいう「その所の穢多等に申し付け捕え置く」という文言が、この年代記の成立した江戸中期に加えられた創作であったとすれば、「村抱えの武力」の位置づけは、まったく塚本説のいうとおり、ということになります。

ただ、中世には、乞食や牢人などを村の犠牲者（スケープゴート）として扶養する、という「村抱えの解死人」の習俗

がありますし、近世のごく初頭に、つぎのような事例もあるのです。それだけに、『大平年代記』にいう「穢多」の武力文言も、戦国期にさかのぼる可能性を、一概には否定しきれないところがありそうです。

博多の松原の番

それは「博多松原番之事」と題された、慶長十七年（一六一二）卯月二十二日付、黒田長政条書三カ条です。[28]その第一条には、

一、松原のかわたに役を免し、松木の皮をはぎ候者を、とらえ候えと申し付くべき事、

と明記されます。筑前（福岡県）博多の箱崎松原の松木の皮を剝ぐ者に対する「番」、つまり監視・逮捕・連行の役割を「松原のかわた」に求め、その代わりに「役」を免除しよう、というのです。

なお、もしその番を怠れば「科銭」（松一本につき一〇〇文）を科す（第二条）。一方「松之皮を剝候者とらえ来」、つまり犯人を逮捕・連行すれば、「褒美」（米一石）を与える。もし「とらえにくきもの」（狂暴で手に余る犯人）については、「其所迄したい」追跡して居所をつきとめ、上申せよ（以上、第三条）、とじつに細かく定めています。

この「松原番」は、中世いらいの筥崎宮隷属民に松の皮を剝ぐ既得権を追認したものか、とも解釈されています。[29]ただ、条書が文面の上でじかに語っているのは、松皮剝犯の監視・逮捕・連行、ないし追跡の実務そのものです。しかも「役」に代わる「番」といっても、かなり高額の科銭と褒美によ

って裏づけられるほど、「かわた」の武力行使は相当な危険を伴う任務、とみなされていたことになります。

こうした性格をもつ「松原のかわた」の「松原番」は、先の「所の穢多」による竹木濫伐・乱入狼藉排除の役割と、大きく異なるものではないでしょう。この「かわた」宛て慶長令（一六一二年令）は、被差別民の武力行使の実務が、さらに中世にさかのぼって、「穢多」に武力行使を期待した元亀令（一五七二年令）に接近していく可能性を、示唆しているのではないでしょうか。

おわりに

いまはただ、江戸時代に明らかな「村抱えの武力」つまり村の傭兵（それは被差別民だけに限られない）が、（その評価は別として、事実の問題としては）中世にさかのぼる可能性を想定するだけにとどめ、その見極めはこんごの「村の武力」論や中世傭兵論の宿題にしたいと思います。

五　九州戦場の戦争と平和

はじめに

この章では、島津氏と大友氏のあいだで、日本の戦国でも、もっとも悲惨な戦場となった戦国九州について、とくに大友氏の拠点だった豊後(ぶんご)（大分県）を中心に、みていこうと思います。

さきに私は『雑兵たちの戦場』で、戦国の豊後国の戦場にふれて、民衆からみた内戦の悲惨な実情を、少し詳しく書いたことがありました。「民衆からみた内戦」と申しましたが、大名・英雄を主役にした古い「合戦物語」から、民衆に焦点をあてた新しい「内戦の物語」へ、というのがこのお話の主題です。

「内戦」ということばに、あるいは違和感をもたれる方もおありかと存じます。しかし、広く戦国時代の戦争の実情にふれてみますと、それは、いまも世界の各地で、たいへんな数の犠牲者と難民を生みだしながら、戦われつづけている悲惨な内戦と、ほとんど変わりがなかった、というのが私の実感です。

その一端を、とくに九州の戦禍を目の当たりにした、宣教師ルイス・フロイスの証言を中心に、できるだけ戦国豊後の激戦に焦点をしぼって、ご披露したいと思います。戦争から平和へという、十六世紀末の激動がなぜ起きたか、その深い底流にはなにがあったのでしょうか。

1　九州の平和から日本の平和へ

秀吉の平和令

まず、豊臣秀吉による九州の制圧（「九州征伐」）の意義にふれておきます。秀吉の強力な介入で実現した戦国九州の平和が、じつは、戦国の時代を終わらせ、日本の平和の出発点になったという事実を、初めに確かめておきたいからです。

まだ関白になったばかりの秀吉は、天正十三年（一五八五）十月、戦国の九州にむかって、こんな指令を出しました。「九州でつづいている国郡境目の領土紛争は、お互いの言い分をよく聞いた上で、おって私が裁定しよう。まずは敵味方とも、ただちに交戦を停止せよ。熟慮したうえで、どうするか返答せよ」というのです。戦国大名どうしの戦争の原因は領土紛争だから、それを自分が介入して裁決すれば、もう戦争はしなくてもいいはずだ、というわけです。

この指令は、古くからよく知られ、滅亡に追い込まれた大友宗麟に助けを求められた秀吉が、大敵の島津義久に停戦を命じた「島津つぶし」策だ、というのが通説でした。たしかにこのころ、九州の戦況は圧倒的に島津軍が優勢で、大友軍はほとんど滅びかけて、秀吉に助けを乞い、やがて秀吉も援軍を派遣していたのは事実です。

しかしこの指令は、単純な「島津つぶし」の策略ではなかった、と私はみるのです。早くから大分県の歴史家田北学さんが、その大作『増補訂正編年大友史料』で注目されている通り、島津氏（『島津家文書』三四四）と大友氏（『大友松野文書』三―四）、つまり九州戦国の戦争の当事者の双方に、九州全域にわたって、かってな戦争を止めよと呼びかけた、私戦の禁止令であったのです。私はこれを九州平和令と呼んでいます。

これにたいして島津側は、すぐに停戦令うけいれの使者をはるばる大坂に派遣し、大友側はなんと当主の父の宗麟自身が出頭しました。やがて、次の年の三月中ごろから四月初めにかけて、秀吉にそれぞれの言い分を上申します。これをうけた秀吉は、ただちに「九州国分（くにわけ）」といって、ほぼ九州全域にわたる領土裁定案を、双方に口頭で伝えました。

裁定書がないため、その内容には諸説ありますが、島津側はこう記録していました。その骨子は「九州の大半は島津が占領しているようだが、豊後と肥後半国・豊前（ぶぜん）半国・筑後は大友氏に引き渡せ。肥前は毛利氏に渡せ。そのほか（薩摩・大隅・日向・肥後半国・豊前半国）は島津領とせよ」というものだった、というのです（『上井覚兼日記』下）。

いまや「九州の大半は島津領だ」と秀吉もいったほど、圧倒的に島津優位の現実からみれば、明らかに大友方に有利な裁定でした。だから宗麟は、この「九州国分」案をその場でうけいれますが、島津方の使者は即答せず、六月末という回答期限つきで、この九州国分案をもって帰国します。

九州制圧

秀吉はこの九州分割（国分）案を強制執行するため、すぐに大がかりな軍事動員の態勢をとって圧力をかけながら、じっと島津方の回答を待ちます。しかし島津氏は「神意」だといって、強くこれを拒否して、大友攻撃を再開し、ここに秀吉の「九州征伐」戦が始まります。

秀吉がこの実力行使を「征伐」といったのは、いったん停戦令を受諾して使者まで派遣しておきながら、さいごに領土裁定を拒否した、島津氏の背信行為を許せない、というのでしょう。しかし「九州の大半は島津領」という、島津優位の現実を無視した国分案は、島津氏にとっては、とうていうけいれ難いものだったはずです。やがて秀吉自身が九州にのりだした、この戦争の結果、島津氏は降伏し、大友氏ともども、本領だけは認められたことは、皆さんのよくご存じの通りです。

しかし、この「征伐」の実力行使で、そのまえの秀吉の停戦令や国分の領土裁定が、まったくの水の泡になったわけではありません。私は秀吉の一連の行動を「島津つぶし」作戦ではなく、「九州国分」令の強制執行だったとみるからです。それは、この九州平和令の強行によって、関東や東北など、まだ秀吉の領域に入っていなかった日本のすべての地方で、大名から交戦権を奪い取り、領土紛争の自力による解決を否定し、法による裁定を強制する、秀吉の「惣無事令」(自力から法へ、紛争処理システムの大きな転換)が浸透していった事実を重くみるのです。

戦国九州の平和が、日本の平和の始まりになった、と先に申しましたのはこのことで、いわゆる「九州征伐」は、戦争から平和への歴史の大きな転換に、じつに大きな意味をもっていた、と私はかねてから注目しています。

2　奴隷狩り・疫病・飢餓

フロイスのみた戦場

こうした戦争から平和への転換を、その時代を生きた民衆の目でみたら、いったい何がみえてくるか。それが私の主題です。ここでは、まず、中世の終わり十六世紀末に九州で起きた、豊後大友氏と薩摩島津氏の戦争の実情に迫りたいと思います。中世戦場の惨状については、すでに詳しくみてきましたが、ここでは三〇年ほども日本にいて、九州の戦争をじかに体験した、イエズス会の宣教師ルイス・フロイスの証言を聞きながら、飢餓と戦争の問題を考えてみましょう。

フロイスは、「日本は、長い(歴史の歳)月の間に、きわめて頻繁に、どれほど多くの戦禍や災難や反乱を味わって来たことか」と、長く続いた苦難をしのび、ことに大友・島津戦争のさなかの、豊

後の人々のたどった悲惨な日々を語って、

①薩摩軍に捕虜として連行されるか、

②戦争と疾病で死亡するか、

③飢餓のため消え失せるか、

このいずれかの運命に迫られていた、といっています（フロイス『日本史』8―二七六頁）。

ここには、私たちのなれ親しんできた、華やかな戦国大名の合戦物語とはまるで違う、悲惨な戦争の実像が集約されています。この①〜③を、それぞれに、もう少し具体的にみていきましょう。

まず①の、豊後の人々が島津軍に捕虜として連行された、という証言に注目しましょう。フロイスはこうもいっています。

A（薩摩軍が豊後の南郡を通過したとき）最大に嘆かわしく思われたことは（薩摩勢）が実におびただしい数の人質、とりわけ婦人・少年・少女たちを拉致……これらの人質に対して、彼らは異常なばかりの残虐行為を（あえて）した。（フロイス『日本史』8―一七三頁）

B薩摩軍が豊後で捕虜にした人々は、肥後の国に連行されて、売却された。……肥後の住民は……彼らをまるで家畜のように、高来（島原半島、長崎県）に連れて行って（そこで）売り渡した。……彼らは豊後の婦人や男女の子供を（貧困から）免れようと、二束三文で売却した。（売られた）人々の数はおびただしかった。（フロイス『日本史』8―二七八頁）

C当地方に渡来するポルトガル人・シャム人・カンボジア人らが、多数の日本人を購入し、彼らからその祖国・両親・子供・友人を剝奪し、奴隷として彼らの諸国へ連行している……

（フロイス『日本史』1—三二二頁）

Aによれば、豊後（大分県）に攻めこんだ島津軍は、無数の豊後の人々をさらっていった、というのです。戦争の捕虜といっても、敵の兵士を捕虜にしたというのではなく、戦いとは無縁だったはずの豊後の民衆を、ごっそりさらっていったらしいのです。

またフロイスは「異常なばかりの残虐行為」と、少しことばをにごしていますが、おそらく戦場に広がっていた性暴力を示唆したもので、兵士たちは捕まえた女性や少女をレイプし、少年たちもまた、この時代に盛んだった男色の犠牲にされたのでしょう。

Bをみますと、そのあげく多くの豊後の人々は、むりやり肥後（熊本県）に連行されて、そこで売られ、さらに買い取った肥後の人々の手で、まるで家畜のように、島原半島にまで連れていかれ、二束三文で転売された、というのです。これら豊後の人々は、戦争捕虜というより、戦争奴隷とよぶ方が、実態にちかいでしょう。豊後に攻めてきた島津軍は、戦場で大がかりな奴隷狩りをし、それを売り払っては、もうけていたというのです。ただし、その戦争奴隷たちの転売先を、フロイスは島原半島の高来としか記していません。

しかしCによれば、島原半島など九州の各地で、戦争奴隷たちを買いあさっていたのは、ポルトガル人・シャム人・カンボジア人など、東南アジアから中国やポルトガルの船で日本へやってきた、奴隷商人たちだったようです。

世界の奴隷貿易とつながる

フロイスはまた、ポルトガル人たちは日本人から、ひどい廉価で買いたたいた多くの女性を、自分の船にのせていたといい（フロイス『日本史』〈以下『日本史』〉6―二七〇頁）、これを知った秀吉は、中国からやってくるポルトガル船に積まれた日本人を連れ戻せと指示した、とも伝えています（『日本史』1―三六九頁）。

十六世紀末といえば、大航海時代ともいわれた、世界的な奴隷貿易の時代で、極東の日本もそのネットワークにしっかりと組み込まれていた、といわなければなりません。

この大友・島津戦争と、それにつぐ秀吉軍による「九州征伐」のあと、秀吉も豊後で行われた悲惨な奴隷狩りのひどさに注目し、しばしばつぎのような指令を出していました。

D豊後で乱妨取りした男女は、島津領内をよく探して、豊後に帰せ。人の売買はいっさい止めよ。（島津義久宛て『島津家文書』一―三七一）

E豊後の百姓などで、さらわれて肥後に売られた男女や子どもは、すべてもとの豊後に帰せ。去年いらいの人の売買は無効とする。（立花・小早川氏宛て『立花文書』四一一）

F大唐（中国）・南蛮（ポルトガル）・高麗（朝鮮）へ、日本人を売り渡すことを禁止する。日本国内での売買も停止せよ。　（バテレン追放令、神宮文庫蔵『御朱印師職古格』）

このD・Eをみても、フロイスの証言①やA・Bが、たしかな事実であったことがわかります。この「乱妨取り（らんぼうどり）」とか「乱取（らんどり）」ともいわれた、豊後の大がかりな奴隷狩りと売り買いのあまりのひどさには、秀吉も驚いたらしく、その対策に追われていたようすが、D〜Fからありありと浮かんできます。

この秀吉令には、それなりの効果もあったらしく、薩摩ののちの地誌には、島津方のある侍が豊後で、山に籠っていた一六人もの男女をさらって帰国し、郷里では「あっぱれ一番の手柄なり」と褒められたものの、やがて秀吉の指令が出たので、これらの男女を豊後に帰してやった、と伝えています（『荘内地理誌』七四、外園豊基『日本史攷究』一三）。Fの指令が、Cでみたような、戦場で奴隷狩りされた無数の日本人の海外流出を何とかくいとめよう、としていたことは疑いないでしょう。戦争奴隷が海外へ流出するのを目の当たりにして、秀吉も強い危機感をもったのです。

ところで、戦場の奴隷狩りは、なにも島津軍だけの仕業ではありませんでした。筑前（福岡県）宗像（むなかた）郡の戦場では、大勢の民衆が大友軍の奴隷狩りにあい、それを逃れるために、数千もの人々が海を渡って沖あいの大島などに避難していた、といいます（『宗像市史　史料編中世』Ⅱ―四〇一）。宗像神社には「大友軍も奴隷狩りをしていた」という事実をしのばせる木札が遺されています（「宗像第一宮御宝殿置札」）。

その奴隷狩りは日本中の戦場に広がり、武田信玄軍は戦争奴隷たちを、二〜一〇貫文の身代金と引き替えに解放していたことは先にふれました。関東の北条氏の戦場でも、「玉村五郷の者共、この度、ことごとく取られ候、いかがすべく候や」と途方に暮れていました（『戦国遺文』後北条氏編五―四〇〇四）。

どうやら、フロイスのいった戦場の大がかりな人さらいは、「乱妨取り」とか「乱取」といわれ、しかもレイプや売買や身代金の要求や、外国の奴隷商人たちへの転売や奴隷化などをともなって、日本中のどの戦場でも、どの大名の軍隊でも、当然のようにやられていたことになります。やはり戦国の合戦は、すべての民衆をまきこんだ内戦だった、といわなければならないでしょう。

戦場の疫病と飢餓と

つぎには②の、戦場の病気の流行について、検証してみましょう。

G その国（豊後）はこの上もなく悲惨な状態におかれており……戦争・捕虜・掠奪・焼討ちに加えて、一種のペストがこの惨めな人々を襲い、すでに七千名以上の生命を奪い去った……

（『日本史』8―二六九頁）

H 日本では長期にわたって（城の）包囲が行われますと、よくこの病気（一種のペスト、激痛と高熱を伴い、意識を失わせ、舌の肥大のために口がきけなくさせる）が発生するのです。

（『日本史』8―二四五頁）

I彼ら（司祭や修道士たち）はそこ（天草）で大いなる精神的、肉体的苦難を体験したからである。肉体的な苦難とは、天然痘という或る重大な疫病によるものである。この疫病はあたかもペストのようにかの（肥後天草の）土地土地を汚染したので、そのためにおびただしい数の人々が亡くなった。河内浦の城下には修練院がある。その周辺の諸村落で、四百人以上の人々が亡くなった。かの土地（の規模）を考えれば、非常に大きく、しかも異常な数字であった。この疫病がふるう猛威はすさまじく、それが発生した家では、ほとんどすべての人があの世へ送られてしまった。だれも互いに往来することはできなかった。当地の人々は一般に貧しく、病気にかかっても、治癒のすべなど何もないから、ひとたびこの疫病に冒されると、肉体は猛烈な悪臭を放った。……この人々は肥後やその他の地方の戦乱と苦難を逃れてあらたにそこへ移住してきたのである。

（『十六・十七世紀イエズス会日本報告集』〈以下『報告集』〉Ⅰ—1—四二頁）

これらG〜Iの情報を総合しますと、いったん戦場となった村や町、籠城を強いられた城内などは、戦火・奴隷狩りに加えて、しばしばペストのような疫病に襲われ、戦争難民をはじめ、多くの人々が死に追いやられていたことが、よくわかります。

九州以外でも、和泉（大阪府）のある寺の記録が、天正十二〜十三年（一五八四〜八五）のころ、「南山大乱」といわれた兵火に追われ、村の「老若・童子」は「奥山に隠れ」ますが、雨露や寒暑に日夜さらされたため、「時疫・痢病」が流行して苦しんだ、と伝えています（「日輪山清明寺代々記」

『泉南市史　史料編』一四三〜一四四頁）。

また永禄四年（一五六一）の北関東でも、越後の上杉謙信の軍がはじめて攻め込んできたとき、戦場では陣中に疫病が流行って、敵味方ともに大勢が死んでしまった、といいます（『赤城山年代記』）。荒廃した戦火の村が、しばしば悪い病気にも襲われるというのは、珍しいことではなかったらしいのです。この事実もまた、現代の内戦の戦場の実情や、難民となって故郷を出た人々の運命と重なります。

さいごの③の、戦場の飢餓についても、多くの証言があります。

J過ぐる戦争のために……極度の食料不足と飢饉（の再現）を忍ばなければならなかった。……（山口の）男も女も子供たちも、絶えず山中をめぐり、山や谷を越えては、激しい飢餓を和らげようとして、草の根を探したり掘ったりした。　（『日本史』6―一二一頁）

Kその地（肥後）の貧しい農民や小作人たちが、戦争のために、食事に必要なあらゆるものに不自由していて、貧困のどん底にあった……　（『報告集』I―1―一七三頁）

L上(カミ)の軍勢の兵士たちが、日向(ひゅうが)の国からの帰途に津久見を通過しました時には、大勢の貧しく、そして糧食を必要とした人たちが通るのをみて、その沿道に一軒の家を借りて、そこを通過するすべての人に、一握りの米と、用意した茶を恵んで与えました。　（『日本史』8―二五八頁）

このうち**J**は周防(すおう)（山口県）、**K**は肥後（熊本県）、**L**は豊後の実情ですが、「戦さのために諸国は多大な飢餓に苦しんでいる」（『報告集』Ⅲ―3―二二頁）というのが、豊後の戦場に限らず、諸国の戦国の戦争の常であったようです。

しかもフロイスは「九州征伐」に薩摩へのりこんだ秀吉軍についても、猛暑と大雨と食糧不足のため、「関白の軍勢が飢餓と病苦に喘いでいる」（『日本史』1―二九八頁）とか、秀吉の軍には「大勢の貧しく、そして糧食を必要とした人たち」がいた（『日本史』8―二五八頁）といっています。飢餓と疫病の戦場では、兵士たちもまた厳しい戦いを強いられていたのでした。

遠く上野（こうずけ）（群馬県）でも、受連という僧侶が、永禄十年（一五六七）三月に、戦場の切実な体験を記した覚書のなかで「直に仭（やいば）に触れて戦うこと一か度、剝ぎ執らるること三度、仁（人）・馬・雑物取らるること数を知らず、餓死に及ぶこと両年」といって、この北関東の戦場でも、人や物の激しい略奪のほかに、飢餓があいついで起きていたことを証言しています（「長年寺文書」『群馬県史』資料編7、中世3―二三四四）。

さらにさかのぼって、南北朝初期の建武四年（一三三七）春、建武の飢饉のさなかのことでした。美濃の大井庄では二年前からの「世上の動乱」のため、市場が立たないため米穀の売り買いも止まり、その上、軍勢の乱入によって、牛馬から家財や食糧まで奪い取られてしまい、もう餓死に及ぶしかない、という事態に迫られていました（「東大寺文書」『岐阜県史　史料編中世』五。小林一岳『日本中世の一揆と戦争』校倉書房）。

こうして、日本各地の戦場では、①奴隷狩りにあって連れ去られるか、②戦火にやられるか、疫病にかかって死ぬか、③飢餓のどん底に苦しむか。民衆にとって戦争の被害は底知れず、まさに「内戦」としかいいようのない、惨めな戦いがくり返されていたのでした。

のち江戸時代に日本へやってきたオランダ人は、日本の合戦の絵をみて、日本ではなぜ「日本と日本とあい戦う」のか、と驚いたといいます（西川如見『長崎夜話草』二）。

3　武装し自衛する戦場の村

フロイスのみた武装する村人

しかし、内戦のなかの民衆は、ただ茫然となすすべもなく、戦争の惨禍を逃げまどい、嘆いてばかりいた、というわけではないようです。九州でも、戦国の村人たちも自ら武装し、相当したたかに行動していたという証言があります。

M折から日向での出来事（大友軍の大敗戦）のため、国（豊後）中が動揺し荒廃していて、道すがら農夫たちは、手に手に武器を携えて、司祭に襲いかかり……槍で長靴を取り上げたり、弓を満月のように張って脅したり……

（『日本史』7―二七七頁）

N（臼杵で）道はことごとく塞がれ、家財を奪おうとする村人たちにたちまち殺される……

Oそこ（八代城の手前）を通過していた軍勢（秀吉軍）のうち、ごく少数の兵は、仲間から外れて歩いていたところ、少人数の百姓が、彼ら（兵士たち）に対し、追剝を働いた。

（『報告集』Ⅲ—5—一七五頁）

P城（宇土城）を明け北（逃）げ散り候ところ、百姓おこり、少々うちころして首を上げ候、

（『日本史』1—二九六頁）

Q日本においては、このように戦乱が続く時は、（民衆も）逃走者すべてに襲いかかり、機会があれば、その持ち物も命も奪うのが、日本の習慣である……

（「豊公遺文」『増補訂正編年大友史料』27—五三〇）

（『報告集』Ⅲ—7—一七四頁）

これらのうち、MとNは豊後の村人たち、OとPは肥後の村人たち、Qは広く戦国の村人たちの落人狩りの行動です。

天正十四〜十五年（一五八六〜八七）の激戦のさなか、豊後をはじめ九州各地では、村人たちもみな槍や弓などの武器で武装し、自力で村を守り、村に入りこむ怪しげな旅人や敗残の落人や、隙をみせる大名軍の兵士たちを見つけると、遠慮なく襲いかかって、戦場の兵士たちも顔負けの略奪や追剝をはたらき、時には兵士たちの首までも取っていた、というのです。

村人たちの落人狩りといえば、あの明智光秀の最期を思いだされる方もあるでしょう。厳しい内戦の現実をみつめる上で、こうした村人たちの武装や略奪という事実もまた、生きのこりをかけた必死

の行動として、見逃せないところです。

百姓の城上がり

さらに注目すべき事実があります。じつは戦国の村人たちは、それぞれが武装するだけでなく、村として小さな山城までひそかに造って、生命や財産を自力で守っていたらしいのです。大友・島津戦争のさなか、豊後の野津（のつ）の城塞に籠城した人々は、襲ってくる島津軍に向かって、

この城塞には（我ら）が従わねばならぬ（というような）城主がいる（わけでは）ない。付近の者や友人仲間が（集まって）いるだけだ。たとえ全員（討）死しようとも、妻子を渡すことは、断じていたさぬ。

（『日本史』8—一七四頁）。

といい、この城に三、四〇〇〇人も集結して、強く抵抗したといいます。

この城塞は、野津にある「鍋田の城塞」で、決まった城主＝領主のいない、民衆が共同で守る地域の城であった、というのです。この地域の老若男女は、領主から総動員をかけられて、無理強いに城に籠らされたわけではなく、自らの自由意思で、自分たちの生命と財産を守るため、ともに全員討死にする覚悟で、進んでこの城に入った、という意味でしょう。なお『日本城郭大系』（一六、新人物往来社、一九八〇年）には「鍋田城」（大野郡野津町大字鍋田）について「城主など不明」とあって、フロイスの証言を裏書きしているかのようです。

それとともに、やはりフロイスは、戦いのなかで村人が山に避難する行動をも伝えており、先に第

三章でみた山の中に造られた「村の城」の存在をうかがわせて、注目されます。

R住民の大部分は、家屋を捨て、妻子を伴って、ただちに付近の山地や荒野に避難した。逃避できない者たちは、僅かばかりの家財を地中に埋めるか、もしくは（他に）隠すことに狂奔した。

（『日本史』1—三五八頁）

S兵士たちが来た時には、さっそく容易に逃げこめるようにと、山林に通路を作っておいた。

（『日本史』11—二〇二頁）

このRとSは長崎の例ですが、ともに戦場の村人がいざというときには山籠りしていた、という事実をよく伝えています。またRからは、山に運びきれない家財は、穴を掘って埋めたり、よそに預けたりしたという、広く中世にみられた隠物（かくしもの）の習俗もしのばれます。このほか、豊後の戦場で島津軍の兵士が奴隷狩りをしたことを伝える「男女拾六人、山へ籠り居たるを生け捕り帰国」（前掲『荘内地理誌』七四）という後世の地誌が、豊後の村人もまた、戦火を避けて山籠りしていたことを示唆しています。

この内戦の時代、山あいの村々には、その裏山に「村の城」が造られていたのではないか。この私の推測を、じつによく裏書きする近世の初期（一六四〇年代初め）の地誌があると、大分大学教授の豊田寛三さんに教えていただきました。

豊後の古城蹟を書き上げた「豊後国古城蹟幷海陸路程」がそれです（垣本言雄氏校訂『大分県郷土史

料集成　地誌篇』臨川書店、一九七三年）。さっそく、大分県立先哲史料館研究員の三重野誠さんにお願いして、この本を調べてみました。すると、この地誌には、「いにしえ百姓ら取り上り申す場の跡なり」と伝える古城が、大分県全体であわせて一三も記されていたのです。

その冒頭には、大野郡野津の古城があげられ、この城跡は「ほしかう」という山の上にあって、広さが三十余間×八～九間ほどで、「古へ百姓等取上り申場の跡」だ、と明記されています。この城の現地を、私はまだ特定できませんが、先にみた野津の鍋田城は地域の人々の共同の城であったことが思いだされます。

「古へ（いにしえ）」というのも「百姓等取上り」というのも、いつ何をしたのか、やや曖昧ですが、海部郡の烏帽子嶽城山には「昔、一乱の砌、百姓等取あがり申す由」と伝えられています。「古へ」とは「昔、一乱の砌」を指しているのです。

この地誌ができたのは、三重野誠さんの検証によれば、十七世紀半ばの正保年間ころだろう、ということです。戦国の世からほぼ五〇年後に「昔の一乱の時代」といえば、豊後一帯が戦場となった、天正十四～十五年（一五八六～八七）の島津氏との戦争しかなく、戦国末内戦の生々しい記憶が、まだよく残っていたとみられます。

また「（城に）とりあがる」ということばには、同じ時期によく似た表現がみられます。天正十二年（一五八四）九月、島津軍が北上して山鹿城（熊本県山鹿市）に迫ると、その城内は難民たちでごったがえしていたといいます。そのことを、軍の指揮官だった島津家の家老は「三里四方のことは、あがり城つかまつり、女・童取り乱し、まかり居り候」（『上井覚兼日記』中）と書いていました。

三里四方の女性や子どもたちが、軍勢の狼藉を恐れて、こぞって領域の城に避難していた、というのです。この肥後の「女・童」たちの「あがり城」とは、豊後の地誌にいう「百姓ら」の「取りあがり申す（城）」と同じことで、村人たちは戦火を避けて、もよりの山城に籠った、というのでしょう。

これら「百姓等取りあがり」の城の規模（上の曲輪の広さ）は、狭い方の一辺を基準にしますと、一〇間（一八メートル）に満たない小規模な城も多く、一辺が二〇間に満たない、中規模の城を合わせると、全一三例のうち九例（約七割）に及びます。私はまだそれらの実地踏査をしておりませんし、踏査報告の先例もありません。だから、断定はできませんが、その規模の数値だけからみますと、孤立した小山や狭い尾根筋を細長く削平して、両端に堀切りを設けた程度の城が多い様子です。なお「切寄」と呼ばれる城塞のすぐ近くに、別に村人の籠る城があったという記事も二つあって、小さい領主たちの城らしい切寄とは別に作られた、ほんらいの「村の城」の姿を、よくしのばせています。

こうした「村の城」の伝承をもつ城の分布を、郡別にみますと、大野郡三・直入郡三・大分郡三・玖珠郡二・海部郡一・速見郡一というように、少しずつ豊後の各地に広く分布していることがわかります。

つまり、内戦のさなか「百姓」たちが「とりあがり」した山や城という戦国の記憶が、豊後一国の一二もの城に点々と刻まれていて、およそ四〇～五〇年ほど後に、この地誌に記録されたことになります。近世初頭の豊後の村々に、「村の城」の伝承がいくつもあったことは確実です。こうした伝承がほかにもっとあるのではないかと期待し、いま現地で共同で進められている、大分県の中世城館の悉皆(しっかい)調査の成果を、私は楽しみにしています。

領主の城に避難する村人

ところで、こうした小さい「村の城」とは別に、領域の領主の城も、戦いのときは、領内の町や村の人々の避難所になったのでした。この事実は、これまではほとんど注目されてこなかったのですが、確かな文献史料にも、信頼できる証言が、全国にわたって数多く残されています。

豊後でも、名城として知られる竹田の岡城は、島津軍に攻められたとき、「男・女・子どもを合わせて三、四万」もの民衆が立て籠っており、そのうち戦闘員は七〇〇〇～八〇〇〇人だったといいます。人数に誇張があったとしても、籠城した人々のうちおよそ八割近くが、じつは避難民だった、という事情がみえてきます（『日本史』8―一七二頁）。

また同じころ豊後の臼杵にあった丹生島(にゅうじま)城でも、島津軍が迫ると、周りの町や村から、大急ぎで食糧や家財をどこかの穴に埋めて、大群衆が身ひとつでこの城に避難していました。その実情をフロイスは、こう書いています。

城にたどり着いたところで、そこには家屋も寝室もあるわけでなく、水が少ない小さな井戸はたちまち干上がってしまい……薪もなければ食料もなく、折からの十二月の酷寒から身を守る隠れ場もなく、冷たく堅い地面か、さもなければ、城に避難して来た群衆のために、一面ぬかるみと化して、不潔で悪臭を放つ泥土の上で、雪と夜露を堪えなければならなかった。……飢えと寒さで泣き叫ぶ乳児や幼児たちの声が聞える……

（『日本史』8—一八八頁）

まことに悲惨な状況というほかはありません。しかしこのときフロイスは、臼杵の丹生島城には一〇〇〇俵をこえる米が運び込まれ、人々が飢えを免れたのをみていました（『報告集』Ⅲ—7—一七〇頁）。また、籠城した臼杵の人々は島津軍の攻撃に耐えて城を守りぬき、敵が撤退するとすぐ、町の復旧にとりかかったことを、大分県立先哲史料館の三重野誠さんがすでに明らかにされています（「戦国時代末期の臼杵」大分県立先哲史料館『史料館研究紀要』三、一九九八年）。

またフロイスは「敵の包囲が始まると、貴人も賤民も、権力のある者もない者も、その妻子を連れて、すべての人たちが城に身を寄せることになっている」ともいっています（『日本史』10—一五九頁）。戦いになると領主の城に民衆が避難するのは、どこの城でも当たり前、とされていたことになります。この内戦のあいつぐ時代、おそらく領主たちには、領域の人々の生命の安全を保障する、厳しい責務が負わされ、民衆が領域の城に避難するのは当然のこと、とされていたのです。野津の人々のように、自力で手作りした「村の城」に籠って自衛するか、岡城や臼杵城の一帯の人々のように、もよりの領主の城に避難するか。戦国の民衆は、それぞれの足場や環境によって、そのどちらかを選択し、けんめいに身を守ろうと努めていた、と私はみています。

なお、武装し自衛する村人たちのしたたかさは、大名に対しても発揮されていました。「九州征伐」が終わって、平和になった豊後の村々に秀吉流の支配が持ち込まれはじめると、①村人たちはいっせいに逃げ出してしまうとか（「百姓ら退出」『増補訂正編年大友史料』28―一三〇）、②朝鮮侵略のための徴発が村に及び始めると、村人たちは春の耕作を目前にしながら、耕地を返上しようと動きだす（「田地さし返すべし」同二五二。「田畠返すべし」同二六一）とか、③課役はいっさい拒否する（「百姓いちがいにより……調わず」同二七七）、などという強硬な抵抗に出て、大名大友氏をすっかりあわてさせていたのでした。

戦争のなかの民衆の悲惨な実情をしっかり見つめるとともに、その厳しい内戦の時代をたくましく生き抜いた民衆の、こうしたしたたかな姿も、見失ってはならないでしょう。

4　大名滅亡の惨禍

村を捨てる失人たち

ところが豊後の人々には、そのうえさらに苛酷な運命が待ち受けていました。豊後の大友義統（よしむね）が、大軍をひきいて朝鮮へ出兵中に、秀吉の命令で豊後を没収され、大名の地位を追われてしまったからです。文禄二年（一五九三）五月のことでした。しかもそれは、大名義統ひとりだけの悲運ではありませんでした。領国全体にわたる大きな変動でした。その実情をフロイスは、こう語っています（『日本史』8―三三八～三四三頁）。

> 日本の習慣にしたがえば、大名の一族郎等から部下の兵士まで、すべてが国を追われる定めで、そればかりか、領土の没収にくる武将は、多くの兵士を率いてきて、豊後の国や町と家々にある全財産を接収してしまう。そのために豊後の人々の間にひきおこされた混乱と暴動は、地獄さながらで、いまや豊後の国は、全体が粉砕され破壊されている、と。

また、ある商人が大坂で買春を目的に、豊後出身の一八歳の美しいキリシタンの娘二人を買ったが、彼女たちは大友氏の滅亡のとき、奴隷の身にされ、上方にまで売り飛ばされていた、とも語っています（『報告集』Ⅰ―2―二六九頁）。

またフロイスは、それ以前の天正十六年、肥後の大名佐々成政（さっさなりまさ）が失政を理由に切腹を命じられ、国を没収された事件にふれて、肥後の接収にきた秀吉の軍勢は、国中の土地を測定（検地）して去年の年貢を取り立て、それを支払えずに逃亡しようとした民衆は、ただちに捕らえられて殺され、その家屋は略奪され蹂躙（じゅうりん）され、女性や子どもは捕虜にされた、ともいっています（『日本史』11―一九九頁）。

また、秀吉のもとで全国的に行われていた、大名が強制的に他国に移される「国替（くにがえ）」にもふれて、こう語っています。日本では領主が移動ないし領地替えされると、それといっしょに貴人や兵士たちも移され、商人と職人と農民だけが残るとか（『報告集』Ⅲ—7—一九七頁）、国替のさいには多くの略奪や破壊が行われるのが常で、民衆の一人ひとりは、少しでも危険にさらされずにすむ方法を探し求めた（『日本史』11—一一三頁）と。

　さて、大友氏が追放されたすぐあと、豊後に入ってきた秀吉方の小大名の山口玄蕃頭（げんばのかみ）という新しい領主は、あまりにも悲惨な現地の実情に、豊後国はまるで人がいない空家のようだ（「豊後国あけ、ちり候」）と驚き、「大友滅亡の混乱で村を捨てた者は、もとの村に帰れ」とか「前の戦争で村を捨てた百姓（失人（うせびと））も村に帰れ」とか「主のいない荒れている田地は惣（そう）つくりにせよ」などと、けんめいに対策を指示していました（「当毛付（とうけつけ）之次第」「甲斐守（かいまもる）文書」30）。ここでいう「失人」とは、戦争・侵略・滅亡とあいつぐ混乱のさなかに村を捨てた百姓たちのことで、「惣つくり」というのは、失人たちの耕地は村全体の責任で耕作せよ、というのです。

　大友滅亡の秋、新しい秀吉方の領主の命令で、村ごとに土地の実情が調査され、「検地帳」にまとめられると、失人とか無主とか空家などといわれる、村々の荒廃ぶりがはっきりしてきました。その一端をご披露しましょう。

　たとえば、大分郡のうち片嶋村では、八一人いるはずの百姓のうち二二人（二七パーセント）が「失人」で、村の田畠の荒地率は五〇パーセントにのぼっていました。また高城村中村では、三九人のうち一三人（三三パーセント）が失人で、荒地率は五八パーセント、上淵村では荒地率が四四パーセントというひどい状態でした。

また速見郡中津村では、荒地率が三一パーセント、日出村では失人・無主という耕地が全体の二一パーセントで、荒地率は二七パーセント、さらに大野郡の赤迫村では、失人・明家（空家）が四二パーセントで、荒地率は二七パーセントという状況でした（野口喜久雄「近世初頭の豊後国農村と綿作」『地方史研究』一一一一三、一九七一年。佐藤満洋「文禄二年の速見郡日出の石盛」『大分県地方史』六五、一九七二年）。

この調査結果をみますと、村によっては、かつて田畠を耕していたはずの村人のうち、三〇〜四〇パーセントほどが、村を捨てるか行方不明になってしまっていて、村々の耕地のうち四〇〜五〇パーセントほどが放棄されて荒地になっていた、という事実が明らかになります。あいつぐ悲惨な戦争と国の滅亡が残した深刻な爪痕（つめあと）でした。いや、それにもめげず、がんばって精農の道をめざす村人が半分以上はいた、という事実に注目すべきでしょうか。

村をどう復興するか

豊後のひどい荒廃ぶりは、秀吉にもじかに報告されていたらしく、フロイス『日本史』は、こんな意外な話を書き留めています。秀吉は豊後の住民が激減してしまったと聞くと、上方であやしげな占師（陰陽師）たちを一〇〇人ほども、強引に狩り集めさせ、彼らすべてを農民として働かせるため豊後に送り、今後は占卜（せんぼく）や魔術を行ってはならぬと命令した、というのです。

よく似た例は尾張（愛知県）にもあって、秀吉は文禄三年（一五九四）に、京・堺・大坂で、やはり陰陽師を一二七人もつかまえて、荒廃した尾張へ送ったと、『駒井日記』も確かに書きとめています。だから、おそらくこの豊後の話も事実だったにちがいない、とみられます。

村を捨てた豊後の人々の行方は、とても追跡しきれません。すぐ隣の肥後の大名になった加藤清正は、こんな指示を出していました（『熊本県史料　中世』5）。

①あそ（阿蘇）南郷へ、豊後の牢人（浪人）ども来り、荒地起こし候よしに候、もっともの儀に候、……兵粮（食糧）おも少々取りかえ候て、一人もおおく（多）有付け（ありつ）候様に……、

②又こなた（肥後）の百姓、彼（豊後）の国にこれあるにおいては……よびかえし申すべく……、

この指示の要点は、①豊後を逃げ出した人々が、肥後の山の中の阿蘇南郷へやって来て、荒地を開いているというが、いいことだ。その人々に少しでも食糧を補助してやって、一人でも多く住み着けるように計らえ。②また逆に、肥後から荒れた豊後に出ていった百姓がいたら、かならず呼び返すように、というのです。

豊後を出て肥後の山あいに住み着き、また肥後を出て荒れた豊後に新しい世界を求める。この二つの国の国境をはさんで、けんめいに生き抜こうとする人々が行き交い、必死の営みを始めていたこと、その村人たちの新たな動向に、大名も深い関心を寄せていたことが、じつによくわかります。

また、豊後の岡藩竹田城に中川氏を送りこんだとき、秀吉の重臣も「百姓には種・作食のために雑

穀を貸し付けるように」と指示して、戦禍の村をどう救うかに、けんめいに気をつかっていました（「中川家文書」六九）。それほど戦国末の九州の国々は戦火に荒れ、村人たちも疲れ果てており、秀吉も新しい大名たちも、ひとりでも多くの働き手を村々に確保しようと、けんめいになっていたのでした。

また、東南アジアに逃れたり売られたりした人々もありました。スペインのマニラ（フィリピン）総督は、ルソンには、森林伐採や土木工事や、舟漕ぎや戦闘など、荒っぽい力仕事に、安い金で雇われる、貧しい日本人の日雇や傭兵たちが、いくらでもいたし、スペイン人の家庭にも、日本人の奴隷が非常に多く、マニラの治安を脅かすほどの大集団となっていた、と危機感を募らせていた、といいます（岩生成一『南洋日本町の研究』）。

十六世紀末の日本から、奴隷として買い取られ、あるいは傭兵となって、東南アジアに流れだした日本人のなかに、数多くの豊後の人々がいたことは、先のB・Cにあげたフロイスの証言をみても、疑う余地はありません。

おわりに

秀吉のいう「九州征伐」によって、九州の戦争は終わり、これを大きな転機として、日本は平和の時代を迎えます。秀吉の軍事力がそれを可能にしたのは事実です。戦争の悲惨さについて、数多くの証言をのこしたイエズス会の宣教師たちは、この平和の時代の到来についても、するどく注目しています。

いま秀吉は「大いなる平和と平穏のうちに支配している」とか、秀吉は「あらゆる騒乱、謀叛、戦争、衝突を厳重に禁止した」ので「今や日本国内では、争いや合戦は非常に稀になった」(『報告集』I―2―八～九頁)というのです。

また、こうも語られています。

「事実上、今の日本国には戦争がなく、平和なことはたしかであるが、人々は皆、(関白)殿に恐怖の念から、全国が平和になっているのである。農夫はいまだかつてこれほど貧しく悲惨な状態に(陥った)ことはなく、また他のすべての人々は、最上層の人であろうと、最下層の人であろうと、今のように重い軛(くびき)のもとに圧迫されてきたことはなかったことである。そして彼らはただ(関白殿)の圧制から免れたいと願いながら、それができぬのを見ているのである。それなのに(関白殿)は、すこぶる巧みに自画自賛しているのである」(『報告集』I―1―二七二頁)と。

ただし、その戦争から平和への大きな転換は、秀吉ただひとりの政策や軍事力だけによって、むりやり実現したわけではないはずです。ここまで豊後内戦の惨禍を追い続けてきますと、内戦の時代から平和の世へ、きりかえることのできた深い底流には、奴隷狩り・疫病・飢饉とあいついだ内戦、さらに略奪・破壊・逃亡とあいついだ大友氏滅亡の悲惨な日々から、なんとか脱出したいという、ここ豊後をはじめとする、日本の戦国民衆たちの痛切な願望が貫いていたにちがいない、と私は強く感じています。これまで私たちは、戦国の動乱を少し楽観的に見すぎていたのではないでしょうか。

しかし、その平和を実現するために秀吉は、国内に充満していた内戦のエネルギーを朝鮮に放出するという、新たな軍事を強行しなければなりませんでした。その意味で、日本の平和は、朝鮮侵略という隣国の大きな犠牲とひきかえに、実現したといってもいいすぎではないでしょう。

六　中世の女性たちの戦場

はじめに――戦争と女性をどうみるか

さきに私は『雑兵たちの戦場』で「戦国の戦場で何が起きていたか」を村人や雑兵や女性たちの目で描こうと努めました。しかし女性史研究の目からみれば、私の追究はまだ不十分だ、と感じられました。そこで「女性にとって中世の戦争は何であったか」という目でこの本を見直してみたい、と思い立ちました。

前近代の女性と戦争といえば、山内進さん（西洋法制史）は『掠奪の法観念史』（東京大学出版会、一九九三年）で、中・近世ヨーロッパの戦場では、傭兵を主体とした軍隊に、兵士たちの妻・少年・子どもや売春婦や男女の商人など、じつに多くの女性や子どもが、まるで集団移住のようについて歩き、その戦場では、人や物の略奪やその売買も行われていた、と書いておられました。ここから私は、「食うための戦争」とか、「戦場の略奪」とか、「軍隊で稼ぐ傭兵」とか「戦場に群がる商人」など、中・近世の戦争を特徴づける、大切な見方をいくつも学びました。

また、つい最近、大久保桂子さん（イギリス史）は「戦争と女性・女性と軍隊」（『岩波講座世界歴史』25、一九九七年）で、「現実としての戦争と軍隊は、女性にとって長く身近な生活圏であった」と指摘しつつ、「戦争と女性、女性と軍隊の関係は、じつは想像以上に複雑な変化を経験しており、安直な一般化を許さない」と、この問題の複雑さと、それを追う難しさに注意を促されました。

また大久保さんは「女性を戦争の一方的な犠牲者だ、と断定するラディカル・フェミニズムの立場は、あまりにも一面的な女性観の反映であり、フェミニズムのひとつの選択肢でしかない」といい、「戦いを繰り返すヨーロッパの歴史に生きた女性を蘇らせるには、女性と平和ではなく、女性と戦争の関係を浮び上がらせるほうが、よほど有効であるにちがいない」と、歴史的な女性論の主題を、平和ではなく戦争との関わりのなかに見定めようという、鋭く新しい提案をされています。

なお、近代中国の戦場についても、福本勝清さん（中国近代史）が『中国革命を駆け抜けたアウトローたち』（中公新書、一九九八年）で、すさまじい略奪ぶりを、すばらしい迫力で追究されています。

1　中世戦場の女性論によせて

女性はいつも被害者か

さて、日本中世の戦場の女性については、海老澤美基さんが「一五世紀大和の女性たち」（『総合女性史研究』一二、一九九五年）で「戦乱と女性」を論じて、こう指摘されていました。

①戦国初期の軍陣には、女性の存在が一般的であった。
②陣中の女性には経理や賄いなどの役割が想定される。
③女性兵士・女性人夫の存在も想定できる。
④戦時の城館には、女性・子どもも籠っていた。
⑤軍陣の遊女には癒しの性の役割も考えられる。
⑥戦乱の苛酷さのなかで、女性も自立して活躍した。
⑦所領の経営や一族の維持に、妻の役割は大きかった。
⑧室町期にも「女騎」の存在が知られている。

ここでは、戦争のなかの中世女性について、じつに多彩で積極的な役割が想定され、女性を戦争の一方的な被害者とだけみたり、平和の性とみて戦争から切り離したりする、通俗の視点はありません。ただ実証には史料の制約もあり、すべてが民衆の女性たちの事例、というわけではありません。

ついで、田端泰子さんは「中世の合戦と女性の地位」（『歴史評論』五五二、一九九六年）で、中世の主な合戦記にみえる女性の姿は、源平合戦（十二世紀）・南北朝内乱（十四世紀）・応仁の乱（十五世紀）という三つの時期で、大きな変化をきたしている、と論じられています。

①源平合戦期は、女武者は数こそ少ないが、男性とかわらぬ武芸と器量を具えて活躍していた。非

戦闘員・一般庶民の大量虐殺の事実は認められない（『源平盛衰記』）。
②南北朝内乱期は、女性の軍役は男性を代人に立てるようになり、女性戦士の姿はなくなる。野伏・雑兵の登場で、庶民の女性・子どもの殺戮（さつりく）もはじまった（『太平記』）。
③応仁の乱期は、女性は戦乱のなかを逃げまどう姿で描かれるだけで、戦う姿は一例も登場しない（『応仁記』）。

ここで、田端さんは史料を主な軍記だけに限定し、そこに現れた戦争のなかの女性像を、主として女性武者像について追究し、戦場の女性像が中世の初期・中期・後期で、はっきり変化を遂げることを明らかにし、それを中世社会を通じた女性所領の不安定化と家のあり方の変化など、女性の地位の低落傾向と関連づけて、意欲的に論じられました。

またあわせて、戦場で女性の大量虐殺の事実があったか否かを問い、武家の女性たちの戦闘参加の有無と女性の大量虐殺の有無を、「中世の女性と戦争」の歴史的な性格を分ける、新しい指標とされたのでした。

略奪と戦う女性たち

これより先、私の『雑兵たちの戦場』では、庶民の大量虐殺の有無ではなく、村や町の女性を主な対象とした、戦場の大量の奴隷狩りの史実を掘り起こし、それは少なくとも、十世紀の戦争と略奪を描いた『将門記』の世界まではさかのぼる、とみていました。

ついで川合康さんも『源平合戦の虚像を剝ぐ』（講談社選書メチエ、一九九六年）で、十二世紀末の戦場の略奪ぶりを明らかにされました。

たとえば源平合戦のなかで、寿永二年（一一八三）に木曾義仲の軍隊の乱入した京都では、「人の倉を打ち破りて物を取る」とか「家々を追捕する」とか「衣裳を剝ぎ取る」とか「男も女も見苦しき」という事態が報じられていました（『延慶本平家物語』四）。また、翌年の一の谷の合戦では、鎌倉方の軍勢もまた、和泉（大阪府）の大鳥郷で「あるいは住宅を追捕し、あるいは妻子・牛馬を追い取る」（「田代文書」『平安遺文』八―四一三〇）という暴行を働いて、訴えられています。

戦場となった都で、女性が着衣を剝がれて「見苦し」といわれ、村々でも「妻子を追い取る」といわれた事態の裏から、源平合戦期の戦場でも、兵士たちによるレイプや奴隷狩りが行われ、女性や子どもも戦争の惨禍と無関係ではありえなかった事情がみえてきます。

鎌倉幕府の滅亡から南北朝内乱にいたる戦場でも、その初めから、天皇軍の兵士たちによる、財物や人の激しい略奪が行われています。元弘三年（一三三三）五月、後醍醐天皇は自軍宛ての軍律「勅制　軍法条々」のなかで、「無辜（むこ）の平民の首」を取ったり、「尊卑男女の財」を奪ったり、「在々所々の追捕」を働いたりすることを禁じ、「人を侵奪」してはならぬとか、「生擒（せいきん）の類」のうち「凡下（ぼんげ）」（庶民）はただちに「放棄」（解放）せよ、などと指令します（伊藤喜良「建武政権試論」『行政社会学論集』一〇の四、一九九八年）。やはり戦禍は広く非戦闘員におよび、庶民の男女も後醍醐軍の略奪の対象になっていたことがよくわかります。

なお、南北朝期の戦場には、女性戦士の姿はなくなる、と田端さんは指摘されましたが、海老澤さんは安井久善さんの「『女騎あまた』の記事」(『季刊ぐんしょ』再刊一〇、一九九〇年)を引いて、「女騎」の戦闘参加の事実は十四世紀半ばにも検証できる、とされています。

それは、『園太暦』文和二年(一三五三)六月三日条に、こう記されています。

今日聞く、山名勢猛からず、七八百騎か。そのうち女騎多し。これ何事や。昨日の風聞に、四千七八百騎かのむね謳歌。今日聞くところ、以てのほか減少か。

この「これ何事や」について安井さんは、筆者の洞院公賢(とういんきんかた)が、女騎の存在を「きわめて異例のこと」とし「甚だいぶかしがっている」と解釈されています。

しかし筆者のいいたいのは、「昨日のもっぱらの噂では、山名の軍勢は四千七、八百騎もあるだろうということだったのに、今日の噂では、山名軍はたった七、八百騎で、それも女騎ばかりが多い、というではないか。いったいなぜ、こんなに軍勢が減ってしまったのだ」ということでしょう。室町幕府軍の中枢に多くの女性騎馬武者がいた、という何気ない記事に、私などは意表を突かれる思いがあります。

この「女騎」の実像は不明ですが、十二世紀初めの女騎の存在は、巴(ともえ)(巴御前)タイプの力女の伝承とともに、注目されています。力女の説話の背後に、西尾和美さんは働く民衆女性の日常のたくましい姿を想定し、細川涼一さんは逆に、これを戦士の家の伝承とみます（西尾和美「説話の中の大力の女たち」『松山東雲女子大学人文学部紀要』五、一九九七年。細川涼一『平家物語の女たち』講談社現代新書、一九九八年）。

なお田端さんは、応仁の乱期には、庶民女性は戦う姿としては一例も登場しない（『応仁記』）とされていますが、瀬田勝哉さんは、応仁の乱のなかの足軽たちの略奪ぶりを描いたことで、よく知られる『真如堂縁起絵巻』（大永四年〈一五二四〉作、本書八〇頁参照）のなかに、女足軽の姿がみえる、とされています（『見る・読む・わかる日本の歴史』2、朝日新聞社、一九九五年）。ただし、黒田弘子さんや藤本正行さんのご教示によれば、この絵解きには異論もある由で、これからの検討の深まりが楽しみです。

また藤本さんによれば、『信長公記』巻十五には「諏訪勝右衛門の女房、刀を抜き切って廻り、比類なき働き、前代未聞」とみえ、『常山紀談』十五にも、富田信高の「北の方」が、夫に代わる武者姿で「形は女なりとも男に劣るべきや」と奮闘したとあります。後世の軍記の世界でも、女性武者はなお健在だった、というべきでしょうか。

なお、村の戦場の女性については、海老澤さんが村どうしの喧嘩に「男女四人の矢負」がいたことや、領主から村にかけられた人夫に男が出ず、「女ばかり出向く」傾向があったことなどをあげて、女性兵士や女性人夫が広く存在した可能性を想定し、田端さんも「七、八十の老共も弓矢を取り、女性達も水をくみ、たてをかつぐ」(『菅浦文書』)という、十五世紀半ばの村の戦争の記録に注目されています。

以上のような日本中世の「戦争と女性」研究の成果から私は、女性を戦争の一方的な被害者とだけはみない、新たな視点が育まれていることを、あらためて学びました。私もいきなり女性を戦争の一方的な犠牲者と決めつけず、戦国時代の戦場の女性たちの実情について、できるだけありのまま具体的にご報告するよう、努めたいと思います。

2　戦場の女性の奴隷狩り

描かれた戦場の女性たち

まず、「戦場で何が起きていたか」を、次頁の「大坂夏の陣図屏風」によって見てください。屏風絵の左半分には、戦場となった大坂城のまわりの大坂市街から、郊外めざして必死に避難する無数の町民たち、つまり戦争難民たちに殺到して、人や物を略奪する雑兵(ぞうひょう)たちの姿が、じつに克明に描かれています。

その①の場面(図版・上)では、若い女性が大勢の雑兵たちに囲まれ、両手をつかまれて、いままさに連れ去られようとしています。また②の場面(図版・下)では、母親と年ごろの娘たち三人が、

戦場でつかまえられた女性たち。上下とも、「大坂夏の陣図屏風」（大阪城天守閣蔵）から。

雑兵たちを率いる武士につかまえられ、娘たちは泣き崩れています。しかも①の雑兵が背に指している小旗や、②の武士の鎧には、「葵」の紋が描かれています。こうした徳川正規軍による戦場の暴行図が、徳川初期に平気で描かれたのは、戦場の人さらいが悪事と思われていなかったからにちがいない、と私は推測しています。

また③の場面（以下、図版省略）では、町民の夫が雑兵につかまって妻は悲鳴をあげ、近くの④の場面では、大きな風呂敷包みをもった女性が雑兵たちに襲われ、⑤の場面には身ぐるみ剝がれて裸にされている女性たちもいます。これらの女性たちは雑兵たちの略奪やレイプから逃れることができたのでしょうか。

さらに⑥の場面では、上半身はだかで手に手に長い槍をもった、猛々しい男たちの集団が、男女の難民たちをつぎつぎに襲って、わずかの手荷物ばかりか、身ぐるみ剝ぎ取っては、親分らしい男の前にうず高く積み上げています。この集団は「濫妨人（らんぼうにん）」とか「悪党」と呼ばれた人々で、どの大名にでも雇われて、忍びや夜討ちなどゲリラ作戦を得意とし、その代わり、大名から戦場の人や物の略奪を大っぴらに認められ、それを大きな稼ぎにしていた、プロの略奪集団にちがいありません。

つまり十七世紀初めの大坂の戦場では、雑兵たちも武士も濫妨人たちも、まるで戦争そっちのけで、女性をはじめ戦争難民たちに襲いかかり、身ぐるみ奪い取っているという風です。やはり戦場は雑兵たちの稼ぎ場だったらしいのです。

近代日本の軍隊が、外国の戦場で「現地調達」といって、戦場の村や町で略奪を働いていた事実を、私たちは聞き知っています。しかし、戦国日本の国内の戦場で、食糧どころか住民の家財や着衣まで、兵士たちが民衆から奪い取り、人さらいまでして稼いでいたなどと、考えたことがあったでしょうか。ただ屏風絵は絵空事だけに、確かな裏づけが必要です。京都郊外の醍醐（だいご）寺の僧は、この戦いの直後に大坂の戦場から勝って引き揚げてくる徳川軍の姿を、「女・童部を取りて陣衆帰る、あさまし」（『義演准后日記』）と書いていました。徳川軍の兵士たちが大坂から女性や子どもばかりさらって引き揚げてきた、ひどいことをするものだ、というのです。また徳川方の蜂須賀（はちすか）軍が書きとめた「大坂濫妨人改帳」にも、大坂の戦場で自軍の兵士たちが生捕った一七〇人もの男女の実情が記されていました（『大日本史料』一二編二〇）。その内訳は、男三八人・女六八人・童六四人で、戦場の生捕りは明らかに女性と子どもに集中していた様子です。

同じ戦場にいた大久保彦左衛門も「ことごとく女子をば、北国・四国・九州・中国・五畿内・関東・出羽・奥州まで、ちりぢりに捕られけり」（日本思想大系『三河物語』一七四頁）といい、多くの大名や人買い商人の手で、大坂戦場の女性たちが全国各地に連れさられて行った、と示唆していました。屏風絵の略奪の場面は、絵空事ではなかったのです。こうした戦場の略奪を初めて明らかにされたのは、近世史家の高木昭作さんでした（「乱世」『歴史学研究』五七四、一九八七年）。

戦場の奴隷狩り

戦国時代の戦場にみられた人さらいの対象は、広く男女にわたりますが、ここでは女性に焦点をしぼってみます。女性の方が圧倒的に多かった、とみられるからです。なおここでは、戦場内外での非戦闘員の生捕りを、戦闘員の捕虜（戦争捕虜）と区別して「戦場の奴隷狩り」といい、生捕られた人々を「戦争奴隷」と呼ぶことにします。

まずは戦国の前期（十六世紀前半）、文亀二年（一五〇二）和泉（大阪府南部）の細川氏の戦場では、いくつもの村々で「男・女をいわず生捕り」が行われ（『政基公旅引付』）、天文十五年（一五四六）の薩摩島津氏の戦場でも「五十余人討ち取り候、男女・牛馬、数知れず取り候」（『北郷忠相日記』）というような証言が数多くみえています。天文十七年の信濃（長野県）の武田信玄の戦場でも、「男女の生捕り、数を知らず」（『妙法寺記』）とありました。

打ち取った敵の首は、武士たちの手柄の証明ですから、きちんと数えられ正確に記録されているのに、生捕りの方は「数え切れないほど」などと、みな大ざっぱです。生捕りは、いくら戦っても大名から褒美や恩賞のもらえない、雑兵たちの稼ぎだったからだ、と私はみています。

なお、のちの武田方の軍記『甲陽軍鑑』にも、「らんぼうに、女・わらんべを取りて、子細なく帰る」とか「分捕りの刀・脇指……をはずし、よろしき身廻りになる。馬・女など、乱取につかみ、これにてもよろしくなる」などという記述があります。村人たちは大名の雑兵となって戦場に行き、敵を身ぐるみ剝ぎ取り、馬や女性を生捕っては村に帰り、戦うごとに豊かになっていく、というのです。豊臣秀吉も「下知なくして、男・女を乱取りすべからず」とか「乱妨取りの男女」を返せ、などと命令していますから、戦国時代の戦場の奴隷狩りは、ふつう「乱取」「乱妨取」とか「人取」とも呼ばれていました。

弘治二年（一五五六）、下総の「結城家法度」二七条は、戦国法が女性の奴隷狩りを問題にした珍しい例です。結城軍に雇われたゲリラ戦のプロに対しては戦場の奴隷狩りが公認されていたのに便乗して、結城氏の近臣の若者までが「女の一人も取」ってくるのを禁じています。戦場の村の性的な奴隷狩りが、近臣の若者にまで横行して、問題になっていた様子です。

つぎは戦国の後期（十六世紀後半）の例です。天正三年（一五七五）に織田信長が越前一向一揆を制圧した戦場では、「国々へ奪い取り来る男・女、その員を知らず……生捕りと誅させられたる分、合せて三、四万にも及ぶべく候か」（角川文庫版『信長公記』）とありました。信長軍に殺された一揆方の犠牲者よりも、奴隷狩りされた男女の方がはるかに多く、二万人から三万人にものぼっただろう、というのです。同十年（一五八二）には、徳川家康の戦場でも、味方についた村に平和を約束し「妻子・被官、いずかたへ取り候とも、返し付くべし」と自軍に命じていました。

さらわれる女性たち

天正十四年（一五八六）肥後の島津軍の戦場では「濫妨人など、女・童など、数十人引き連れ、かえり候に、道も去りあえず」（『上井覚兼日記』）とありました。戦場から引き揚げてくる乱妨人たちが、女性や子どもばかり何十人も連行してくるのに出会ったが、その数は道が通れないほど多かったと、大がかりな奴隷狩りの焦点が、やはり女性と子どもだったことを証言しています。同じころ滅亡に瀕した大友領（大分県）の戦場を目撃したフロイスの証言（『日本史』）も、前の章で詳しく見たように、じつに迫力に満ちています。

①じつにおびただしい数の人質、とりわけ婦人・少年・少女を拉致するのが目撃された。
②敵は臼杵（うすき）地方からだけで、婦女子を含めて、三〇〇〇の捕虜を連行したらしい。
③国内で敵が荒らしまくっており、すべてが焼き払われ、婦女子の大群が、各地から捕虜となって拉致（らち）されて行くのを毎日耳にした。
④家屋は略奪されたり蹂躙（じゅうりん）され、女・子どもたちは捕虜とされた。

まず①では、戦場で大がかりな生捕りが行われ、それがとくに女性・少年・少女に集中していたといい、②③④では、「婦女子の大群」といい、やはり女性・子どもがその焦点だった、とみています。

④の後段ではそれらの人々が安い値段で売買されていた、といっていますが、中世さいごの戦争になった、天正十八年（一五九〇）、関東の北条攻めの戦場で、秀吉は上杉軍にたいして、

⑤下知（げち）なくして、男・女を乱取りすべからず、
⑥女・童部（わらべ）を捕え、売買つかまつる族（やから）候わば……御成敗、

と命令しています（『上杉家文書』）。⑤では男と女のむやみな乱取りを禁じていますが、⑥は女性と子どもがその焦点で、戦場で奴隷狩りされたあと、すぐに売買されていたことを示唆しています。戦争奴隷の売買は、九州でも関東の戦場でも、共通してみられていたのでした。

朝鮮侵略と女性の奴隷狩り

ついで秀吉は、日本国内に満ちていた戦争エネルギーを、朝鮮侵略の戦場に放出します。まるで、平和によって失業した兵士たちに、新しい稼ぎ場を提供した公共事業のような形で、日本の平和は朝鮮侵略を犠牲にして実現されたのです。

侵略から一年たった、文禄二年（一五九三）、奈良では「高麗の道具、女ども子供、切りもなくこの地へ取り越す」（『多聞院日記』）という光景がありました。日本軍の兵士たちが、朝鮮の戦場で奴隷狩りした無数の女性や子どもたちを奈良に送ってきている、というのです。のち島津軍は朝鮮から薩摩へ帰る船の船頭に「テルマ・カクセイ三〇人を国に送るので通行をみとめよ」という、戦争奴隷を連行するための手形を与えていました（『旧記雑録』後編三）。こうした小規模な略奪が、きりもなく積み重ねられていったのだ、とみられます。

この戦いで講和が問題になったとき、朝鮮側が日本側の奴隷狩りを大きな問題にしたのは、当然のことでした。①「サルミを日本に連行してはならない」、②「日本軍が生捕ったサルミ・テルマ・カクセイの名簿を作り、検使立会いのもとに引き渡せ」、③「日本の町人が兵士たちから買い取ったサルミも没収する」と要求したのです。

サルミはハングルではサラムで、人を意味し、カクセイはカクシで、若い女性を意味しているようです。ただテルマは難解です。ふつう若い男性のこととされていますが、テルマを「娘に贈ろう」とか「下女にできそうな子」といっている例をみると（「大嶋忠泰書状」）、テルマもまた若い女性であったのではないか、と疑われるのです。どうやら朝鮮の戦場の奴隷狩りも、多くは女性と子どもたちに向けられていた形跡です。のちに秀吉が、朝鮮陣中の諸大名に命じて、奴隷狩りのピンはねを図り、家中の生捕りのなかに「手のきき候女」がいたら差し出せと、すぐれた女性の技術者だけを指定していたのが目をひきます。

また講和条件の③は、朝鮮の戦場の奴隷狩りに日本の町人つまり商人が深く関わっていたことを、端的に示しています。この戦争に従軍した僧慶念もこの「人商（あきな）いせる者」に目をとめて、「日本よりも、よろずの商人も来たりし中に、人商いせる者来たり、奥陣より（日本軍の）後につき歩き、男女・老若を買い取りて、縄にて首をくくり集め、先へ追い立て」（『朝鮮日々記』）と書いています。

日本の人買い商人たちが、軍隊のあとについて戦場深くのりこみ、日本の兵士たちから、略奪された男女を買いあさって日本に送り出していたのです。そればかりか、日本国内でも、各地を回り歩いては、連行されてきた戦争奴隷たちを二束三文で買いあさっては、長崎に送り、長崎や平戸はこのころ世界有数の奴隷市場として知られていた、とも書かれているのです。

3　戦場の城に籠る女性たち

領域ぐるみの抵抗策

こうして女性や子どもたちばかり狙う、奴隷狩りに対抗して、戦場になった村や町では、けんめいな自衛策が講じられていました。天正十二年（一五八四）島津軍が北上して肥後山鹿城に迫ると、「三里四方のことは、あがり城つかまつり、女・童取り乱し、まかり居る」（『上井覚兼日記』）と報じられ、城内は島津軍の「狼藉（ろうぜき）」を恐れて城の三里四方から避難してきた、女性や子どもたちでごった返していました。

肥前有馬城では、戦いになると「その妻子を連れて、すべての人たちが、城に身を寄せることになっている」といわれ（同八年、『イエズス会日本年報』）、豊後の岡城には三、四万もの男・女・子どもが籠ったが、戦闘員はわずか二割ほどだったといわれ（同十四年。『日本史』）、秀吉の軍に攻められた筑前香春岳（かわらだけ）城には「六、七千人の戦闘員の外に、男女・子供をまじえて、五万人あまり」といわれ（同十五年。『日本史』）、肥後八代（やつしろ）城に避難した人も「奉公人・町人・その外、百姓男・女にて五万」ほど（『高木文書』）、といわれました。数字にかなりの誇張があるにしても、たいへんな数の女性や子どもたちが、領域の城に避難し、それが習俗になっていたのは確かでしょう。

関東でも事情は同じでした。秀吉軍のために落城した武蔵の岩付城（埼玉県岩槻市）では、戦闘員はみな討死し「残り居るもの町人・百姓そのほか女子類」ばかりといわれ、相模の小田原城（小田原市）でも同じような事態が報じられていました。

戦場の略奪が常であれば、その自衛策もまた領域ぐるみで取られており、ことに領主には、領域の民衆の生命と財産を守る責務が厳しく求められていた、と私はみています。

なお古代の中国で「城郭」といえば、領主の籠るところが「城」で、民衆の住まいを外壁で囲ったのを「郭」といったそうですから（愛宕元『中国の城郭都市』中公新書、一九九一年）、城郭が民衆の庇護を前提にするのは、日本にかぎらず、中国でも、よく知られる西欧でも、ごく当然のことであった、とみるべきでしょう。

民衆の城籠りの実情には、かなり悲惨な証言もあります。

①彼らが籠城する際には、木の枝や藁、きわめて貧弱な木材で、彼らの家を造るのであり、それらの家は互いに寄り集まっているため、いずれの家も火災を起こしやすい。

②貧しい村人は、米・衣類・台所用品など、わずかな持ち物を地中に埋め、女たちはせめて子どもの生命だけでも助けようと、泣きながら城（豊後臼杵（うすき）城）に逃れた。しかし、城内には、家屋も薪も食べ物もあるわけではなく、小さな井戸はたちまち涸れてしまい、一面のぬかるみとなって、悪臭を放つ泥土の上で、群衆は雪の夜を過ごし、乳児や幼児は飢えと寒さで泣き叫んだ。すべて

の者が痩せこけて容貌が変わっていた。

ことに落城の迫った城に避難した人々、ことに子どもを連れた女性たちは、悲惨を極めた様子です（『日本史』）。

それでもなお私は、戦場の村人たちが、なすすべもなく敵の略奪にさらされていたわけではなく、自分たちの領主に安全の保障を求め、その城に籠っていた、という事実に注目したいのです。②の臼杵のばあい、前章にも詳しく見た通り、島津軍の攻撃に耐えぬき、焼け落ちた城下町の戦後復旧をいち早く実現した、といいます。

戦う女性たち

また、城に避難した女性たちの懸命な戦いぶりを伝える証言もあります。天正十七年（一五八九）肥後天草の本渡（ほんど）城が小西行長軍に攻められたとき「集落や村の人々は、全員が籠城する以外に（生き延びる）方法とてはな」（『日本史』）く、女性たちも城に避難しますが、

彼女たちは、倒された城壁の入口から敵が侵入してくるのを妨げようと、勇猛果敢な戦いを演じ、敵に多大な損害を与え、また多くの戦闘において、その勇気によって、勝利を収めた。濠はその箇所で彼女たちが殺した敵兵で埋まるほどであった。……当の敵（兵）までが（こう）いっていた。「天草の兵士は男ではない。婦女子が、もっとも勇猛果敢な兵士に優って、勇戦したのだから」と。

城に避難した女性たちは、攻め寄せる敵に真っ向から立ち向かって勇敢に戦い、勝利をおさめたというのです。

また東北地方の軍記にも、よく似た伝えがのちに記録されています（『奥羽永慶軍記』）。女性や子どもたちばかり籠った村の要害（城）を、敵軍が攻めると、城に避難していた女性たち四百人余りが、かねての手筈（てはず）通り、いっせいに太鼓を打ちならし、大きなときの声をあげたとか（巻二）、敵が城下の町に攻め入ると、男も女も力を合わせて、鑓（やり）・長刀で防戦したとか（同）、敵が迫ると「女・童・老人等二、三十人」が木戸を開いて逃げ出したが、「女・童廿（二十）人」ばかりがとって返して、敵と激しく戦った（巻十二）、などと伝えています。

すっかり太平になった江戸時代の軍記が、戦場になった村の女性たちが「村の城」に籠って、くり広げた勇敢な戦いぶりを、あたかも当然のことのように、淡々と記しているのに、私は深く引かれる思いがあります。

中世はすべての人々が集団で武装し、村や町も自前の城を持っていた時代でした。そのことを思えば、城に籠った村や町の女性たちが、男たちの戦いを助け、自らも武器をとって戦うのは、むしろ当然のことであった、とみるべきかも知れません。村の女性たちの武装の実態を検証するのは、これからの楽しみな宿題です。

4　奪われた女性たちの行方

このように領主の城や村の城に避難し、勇敢に抵抗しても、もし落城の悲運にあえば、奴隷狩りを免れることはできませんでした。戦場から奪い去られた女性たちの運命は、じつに多様であったようです。

戦場の性暴力のあと

その一は、戦場での性暴力の事実です。戦場の奴隷狩りの姿を克明に書き留めたルイス・フロイスは『日本史』でこうも書いていました。兵士たちは無数の「婦人・少年・少女たち」を生捕ったばかりか、彼らに「異常なばかりの残虐行為」をした、というのです。筆者は宣教師ということもあってか、明言をはばかっているふうですが、戦場ではこれら女性や少年たちに、公然たる性暴力（レイプ）が加えられていたらしいのです。この時代はまた男色のさかんな時代でもありました。

その二は、売春市場を目当てにした奴隷狩りです。フロイスは「ある商人が大坂で買春を目的に、豊後（大分県）出身の一八歳の美しいキリシタンの娘二人を買ったが、彼女たちは豊後大友氏の滅亡のとき、奴隷の身にされ、上方にまで売り飛ばされていた」と書いていました。生捕られた若い女性たちは、九州から上方へ、大がかりな人身売買と売春のルートに乗せられ、無残に転売されていた様子があらわです。

なお、織田信長の時代の京都で、下京のある女房が、かねて多くの女性たちをかどわかして、和泉の堺に売り渡していたが、捕まえて追及したところ、「女の身として、今まで八十人ほど売りたる由」を白状し、その罪によって処刑されたといいます（『信長公記』）。

その数の多さからみて、もとは戦争奴隷の女性たちにちがいないでしょう。こうした大がかりなかどわかしの裏には、京都と堺を結ぶ太い売春市場のネットワークができ上がって、さらにポルトガル船など南蛮船を通じて、大航海時代の海外市場へもつながっていたのです。

その三は、戦場でさかんに行われた略奪結婚の実態です。豊後の戦場では雑兵たちが「女を生捕り帰り……養育つかまつり、北里家の侍の妻女に遣し」たと伝えられ（『北里氏事蹟』、外園豊基氏のご教示）、また四国でも、秀吉大名の戸田勝隆が伊予宇和郡（愛媛県）の大名になったとき、雇われた「手荒らなる若者」たちが、住民を「奴婢・雑人」のように扱い、「よき人に嫁御ともいわせず、手を取りそでを引」くなど、見境もなく暴行した（『清良記』）といいます。

さらにのちの奥州の軍記『南部根源記』も、秀吉が陸奥で葛西・大崎の両大名を滅ぼし木村吉清を入れると、にわかに中間や小者に取り立てられた「あぶれ者」たちが、

あるいは百姓の家へ押し込み、米穀を奪い取り、百姓の下女……娘・子供を無体に奪い取りて、我が女房とし、沙汰の限り、

を働いた、と伝えています。

雑兵たちは村々で百姓たちの家にかってに押しこんでは、穀物を奪い取り、下女や娘や子どもまでさらって自分の女房にした、というのです。軍記の筆者も「無体に」とか「沙汰の限り」といい、雑兵たちの略奪結婚を明らかに戦場の性暴力をみていました。

こうした戦場の性暴力を、ドイツ近世について克明に描いた、ジャック・カロの絵「農家での掠奪」によせて、ハインリヒ・プロティヒャが、「女は幼い子から年寄りまで、見境なく暴行された」(関楠生訳『中世への旅　農民戦争と傭兵』白水社、一九八二年)と解説しています。

従軍慰安婦問題を論じた若桑みどりさんも「一般に、戦時または動乱時に随伴して起こる女性への性暴力は、歴史上きわめて頻繁な現象であるにもかかわらず、旧来の戦争史はこの部分を裏面史として葬ってきた」と指摘されています(「従軍慰安婦問題・ジェンダー史の視点から」『歴史と真実』筑摩書房、一九九七年)。戦場の性暴力は、中世日本の国内の戦場でも、紛れもない現実であったというべきでしょう。

略奪の後に

その四は、身代金が目当ての奴隷狩りです。武田信玄の戦場には、

> 男女を生け取りになされ候て、ことごとく甲州へ引越し申し候、さるほどに、二貫、三貫、五貫、拾貫にても、身類(しんるい)ある人は承(う)け申し
>
> (『妙法寺記』)

た、という証言があります。

戦場から男女が連れ去られると、その身寄りの人々は、二～一〇貫文ものお金を用意して武田方へ行き、身代金を払って生捕りを返してもらった、というのです。

江戸湾をはさんだ北条氏と里見氏の戦場でも、夜中に海沿いの村々を船で襲って「女・わらべを生捕」る奴隷狩りがさかんに行われ、それの買戻しを仲介してもうける海賊商人もいた、とされています（『北条五代記』）。なお十六世紀初めの和泉では、平時に勝手に村人たちを生捕って身代金を取るのは「足軽風情の所作」（『政基公旅引付』）だとされていました。それほどに人さらいは日常化していた、とみるべきでしょう。

明らかに戦国の戦場で、雑兵たちの手で身代金目当ての奴隷狩りが行われ、その多くが女性と子どもに集中していた形跡です。いったいなぜ女性ばかりなのでしょうか。

高木昭作さんは成人男子の大半は殺されたのだとみていますが、奥羽伊達氏の法「塵芥集」四七条には「逃ぐる人見つけ候はば……男は三百疋（三貫文）、女は五百疋の代物を弁（わきま）えべし」とあります。逃げた奴隷を誰かが見つけ返してくれたら、礼銭に男なら三〇〇疋（三貫文）、女なら五〇〇疋（五貫文）を払え、というのです。同じ奴隷でも女性の方が高価だったらしく、先にみた身代金の額（二～一〇貫文）をみますと、人の売り買いに一定の相場があった様子です。

その五は、各地の戦場から村や町に連れ去られた人々の行方です。九州制圧後に秀吉は豊後から奪い去られた「乱妨取りの男女」の返還や転売の禁止を、天正十六年（一五八八）に全国令として発令し、その趣旨を九州大名たちにくり返し指令していました（前章一五三頁のDEF参照）。

そのなかでは、豊後からさらわれた男女は、島津軍によって薩摩・大隅・日向へ連れ去られ、売買されていたとみられ、島津軍に奪われ肥後で売り買いされている男女が問題にされています。九州諸国の村々の中に戦争奴隷の需要があったことは疑いありません。戦場でさらってきた安上がりの労働力を、戦争で荒れ果てた耕地の復旧や、新たな開拓に駆使していた、と私は推測しています。

近世初期の村の飢饉奴隷たち

それを検証するのは難題ですが、少し離れた時期の状況証拠をあげてみます。十七世紀半ばに関西を襲った寛永の大飢饉（一六四一〜一六四三年）のとき、肥後の宇土藩が、飢饉に苦しむ上方から多くの男女を飢饉奴隷として買い取り、「上方抱え下ろし者」とよんで肥後八代領の村や町にもたらしていたことが、克明に明らかにされています（秀村選三「近世前期肥後八代領＝宇土藩における上方抱者」『久留米大学比較文化研究科紀要』一ほか、福田千鶴氏のご教示による）。

たとえば、①大坂で買われてきた「下女はる」は一三歳の娘で、その請状には親の名で「飢饉にあい、我等てまえまかりならず」と明記され、②京都で買われ「譜代」にされた「つると申す女」は一〇歳の娘で、請状には「当年ききんにつき、飢えにおよび申し候間、肥後へふだいに」と記されていました。また③京都から一〇年季で買われた別の「つる女」は、益城郡のある村の善兵衛と「夫婦」

になり、④大坂で買われた一九歳の「下女きい」もやがて「宇土郡あミ□左衛門女房」になっています。これが江戸時代はじめの飢饉奴隷のもう一つの姿でした。

この大飢饉直後の正保三年（一六四六）に作られた、飢饉奴隷たちの調査書をみますと、⑤「上方より抱え下ろし候男女人数の一紙」には、三二四人もの男女がみえています。その内訳は、男性がわずか三七人（約一一パーセント）で、女性はじつに二八七人（約八九パーセント）にのぼっています。

また⑥「八代郡在々の者、上方奉公人の女、人を頼み抱え下ろし候人数の覚」には、宮地村・松江村・大村の村人に抱えられた、一二歳から二六歳までの女性ばかり、七人の名がみえています。⑦また別の調査書でも、村々に抱えられた男女二〇人のうち、男性はわずか三人（一五パーセント）で、女性は一七人（八五パーセント）にのぼり、年齢は一一歳から四二歳にまでわたっています。またなかには「うち四人は縁付の女」ともあり、四人に一人ほどの女性が村人と結婚していたことがわかります。

どうやら、上方から肥後の村々に買い取られていった飢饉奴隷も、戦争奴隷と同じく、やはり女性の方がはるかに多かった様子です。十七世紀半ばの肥後の村々に大きな女性労働力の需要があった事実は、戦国の村の事情についても示唆的で、戦争奴隷の略奪結婚と飢饉奴隷の結婚とのあいだにも、共通性がうかがわれます。

また近世初期の九州農村が、他領から多くの「走り者」を村の「百姓」として積極的に受け入れていたことを、宮崎克則さんが明らかにされています（『大名権力と走り者の研究』校倉書房、一九九五年）。

長崎の町に住む朝鮮の女性たち

寛永十九年（一六四二）に長崎で書かれた『長崎平戸町人別帳』を翻刻し、同町の人口動態を詳しく分析された中村質さんは指摘しています。性別でみると、常に女子が男子を上まわっており、女子労働力（下女奉公）の需要の高さを物語っている、と（『近世長崎貿易史の研究』吉川弘文館、一九八八年）。

その六は、先にもみた朝鮮侵略の戦場で生捕られた人々で、ここで辿ってみたいのは日本に送られた女性たちの行方です。『長崎平戸町人別帳』には、つぎの①〜⑪のような生々しい記事がみえています（中村質編『九州史料叢書』三七、一九六五年）。

①その屋号からみて長崎平戸町の商人らしい川崎屋助右衛門尉（六〇歳）は、もと高麗（朝鮮）に生まれ、四八年前（文禄末年〈一五九六〉頃）に岡山に連れてこられ、のちに長崎上町にきて、キリシタンになったが「転び」を強いられたといいます。

②その女房（五三歳）も高麗生まれで、まだ幼いころ八代に連行され、さらに国内を転々とし、マカオにまで売られ、また日本にかえり、キリシタンになったが棄教を迫られ、苛酷な流転の後、同じ運命の朝鮮男性とめぐりあって、川崎屋という商家を築き上げます。

しかし夫婦とも「高麗のもの」なので、「町中吟味」の上で「たしかなる請人」を立てさせて「請状」を取って「組中」に加えてやった、とあります。中村質さんは、こうした高麗人差別が厳しく行われた形跡はないが、彼らの多くが苦難と流浪の救いをキリスト教に求めたため、信仰面での監視は日本人以上に厳しかったようだとみています。

③松岡久右衛門の下女で五八歳のいとも「生国高麗のもの」で、一一歳で茂木村へ連れてこられ、慶長二十年（一六一五）に長崎大村町へきたといい、④大坂屋弥右衛門の下女で九五歳のうばも「生国高麗のもの」で慶長三年に筑後へきたといいます。

⑤渡辺忠兵衛かしや十左衛門尉の五八歳の下女も「生国高麗の者」で、五〇年前に長崎八百室町へきたといい、⑥同十左衛門尉の六八歳の女房も「生国高麗の者」で五一年前に長崎今町へきたといい、⑦石本新兵衛かしや甚五左衛門尉の六二歳の女房も「生国高麗の者」で、七歳のとき平戸へ来た、とあります。

これらの女性たちは、「生国高麗のもの」という朝鮮人一世の人々で、④に慶長三年とあることや、④〜⑥の来日の時期からみて、朝鮮侵攻による戦争奴隷であったことがほぼ明らかです。③④の女性はこの町の商人や「かしや」層の下女ですが、⑥⑦の女性は「かしや」層の女房とされています。これら戦争奴隷とされた女性たちも、先にみた同じころの飢饉奴隷の女性たちと、よく似た地位におかれていた様子です。

また二世の人々も多く、⑧いよ屋千松の下女で二五歳のまきは、母は「生国高麗の物（者）」で、五三年前に長崎向舟津下町にきて、キリシタンになったといい、⑨大坂屋弥右衛門の下女で三〇歳のまつは「父母生国は高麗」で、⑩渡辺忠兵衛かしや十左衛門尉の女房だった二六歳の女性も「母は生国高麗」で、⑪石本新兵衛かしやの甚左衛門尉は二八歳で「父母共に生国高麗」とあります。⑨⑪は父母ともに高麗の者ですが、⑧⑩は母は高麗の者とあるので、父は日本人だったのでしょうか。

海外に売られた女性たち

その七は、海外の奴隷市場への売り渡しです。一五五五年、マカオ発のパードレ・カルネイロの手紙に「多くの日本人が、大きな利潤と女奴隷を目当てにするポルトガル商人の手で、マカオに輸出されている」とありました。すでに戦国の中ごろ、日本人の「女奴隷」はポルトガル商人の重要な商品とされ、大きな利潤を生んでいた、というのです。この「女奴隷」が、その多くは貧しい人々の身売りの結果などではなく、戦場の奴隷狩りと深く結びついていたことは、フロイスが詳しく証言しています（前章参照）。

島津軍は戦争奴隷の女性や男女の子どもたちを、肥後（熊本県）に連行して売り渡し、それを買った肥後の人々は、かれらをまるで家畜のように扱い、海峡をこえて高来（たかく）をはじめ三会（みえ）・島原（長崎県の島原半島）に連れていき、じつに安い値段で転売した、というのです。

奴隷売買を破門をもって禁じた、イエズス会本部の目をはばかってか、フロイスは島原半島の各地でだれが買ったのか、明言を避けています。しかし、戦場で生捕られた転売される人々を、島原半島の港々で待ち受けていたのは、ポルトガル商人たちの船であったことは、カルネイロの手紙からみても疑いありません。

さらにスペインのマニラ総督も「スペイン人の家庭にも、日本人の奴隷が非常に多く、マニラの治安を脅かすほどの大集団となっていた」と語っていました（岩生成一『南洋日本町の研究』）。荒っぽい力仕事は男たちの仕事でしたが、スペイン人家庭の日本人奴隷の多くは女性で、家内奴隷であるとともに、主人に性的な奴隷として仕えさせられていた様子です。

こうして日本の戦争奴隷たちは、船に積まれて、東南アジアから、はるか西ヨーロッパやメキシコにまで、連れ出されていたことが知られています。十六世紀にはじまる大航海時代は、地球規模で奴隷の売り買いが行われた時代でもあり、日本も世界的なネットワークに組みこまれていたことが、よくわかります。

しかし元和七年（一六二一）七月、徳川幕府はオランダやイギリスの商館長に、日本からの武器・奴隷・傭兵の禁輸令を出し「男・女・子ども、奴隷または買い取られた者を問わず、一人の日本人も国外に連れ出してはならない」と命じます。

これを逆にみれば、男たちだけでなく、女性や子どもが奴隷として海外に流出する事態が、じつに十六世紀中ごろから、十七世紀の二〇年代まで、少なくとも七〇年ほどにわたって、続いていたことになります。

とすれば、この時代の日本人の海外流出を、いまも教科書に登場する山田長政に託して、東南アジア雄飛とだけみるのは、あまりにも単純にすぎるでしょう。

おわりに

戦争になれば「男は殺され、女と子どもは奴隷にされる」というのは、世界の中世の戦場の常でした。高木昭作さんも指摘されたように、女性だけが戦争の犠牲者だったわけではありません。しかし、男と女のどちらが戦争でより「ひどい目」にあったか、を争うのは無意味です。

日本中世の戦場でも、女性や子どもたちが、人さらい・人買い・レイプ・略奪結婚の対象とされ、つねに内戦に深く巻きこまれていました。だからこそ、村は自前の「村の城」をもち、領域の領主の城を民衆の避難所として開放させ、そこに籠った女性たちもまた、兵士たちの戦いを助け、みずからも武装し戦いさえもした、それが日本中世の戦争だった、という事実をまっすぐに見すえることが大切なのだと思います。

かつて私など、外国の戦場の奴隷狩りのひどさを知ってはいても、それは異教徒・異民族のあいだの戦いだからで、まさか日本の内戦の戦場で同じことが起きていたなどと、想像さえもしなかったのでした。ただ、西欧の戦場でよく知られるように、雑兵たちの妻や子どもたちが、いわば家族ぐるみで戦場で行動を共にしていたかどうかを、私は確かめることができませんでした。

なお、戦争になれば女性は犯され奪われる。それが「戦いのならい」だというのが、常識として太平の江戸時代にも生きていた、という証言もあります。十九世紀半ば、ペリーのアメリカ艦隊が箱館に迫ったとき、箱館奉行は「市中端々の婦人」たちに「最寄りの山付きの村々」へ避難するよう指示し、もし戦争になれば女性や子どもが暴姦にあうのは「戦場の実地」だと「数百年の太平に馴れ候人民」に警告していた、というのです。「最寄りの山付きの村々」はあたかも中世の「村の城」を思わせます。

この事実を紹介された近世史家の林英夫さんは、婦女暴行は日本の侍社会のごくあたりまえの戦場習慣であり、それは戊辰(ぼしん)戦争でも西南戦争でも広く見られたと指摘されています(「戦のならい」『史苑』四九—一、一九八九年。小嶋又次郎「嘉永七年、アメリカ一条写」『日本近代思想大系』一、高橋周氏のご教示による)。

「戦争と性」という大きな課題にどれだけ近づけたか、心もとないのですが、この章を通じて私は、「戦争と女性」という課題が、日本中世にはことに切実な問題であることを、深く学んだように思うのです。

あとがき

「飢餓と戦争」という主題に私が関心をもつようになってから、もう八年ほどになります。きっかけは、一九九三年の東日本の凶作でした。その衝撃を身にうけて、日本中世の飢餓に無関心であったことを反省し、戦争の時代ともいわれる中世社会の災害事情を確かめてみようと志したのです。

まず手をつけたのは、中世の記録や古文書をもとに、災害の記事を抜き書きして、年表風のデータベースを作ることでした。これまでに先人の作られていた、数多くの災害記事を集めるのが、大切な出発点になりました。災害のデータベースが蓄積されるにつれて、戦争の中世は飢餓の中世でもあったのではないか、という思いがつよくなってきました。

その印象をもとに私は、まず『雑兵たちの戦場』（一九九五年）を書き下ろしました。その巻末には短い「戦国期の災害年表」を添え、カバーの裏には「飢饉と戦争があいついだ日本の戦国時代、英雄たちの戦場は、人と物の略奪に満ちていた」と書きました。中世の飢餓と戦争についての、私の第一作でした。ただ、戦場はなんとか描けても、飢餓そのものには、なかなか手が届きませんでした。

その反省から、さらに災害のデータベース作りを続け、およそ七〇〇〇項目を超えると、「飢餓の中世」という印象は、私のなかでいっそうつよくなりました。ただデータベース作りは完成にはほど遠く、作業はほとんど無限に続きそうです。

そこで、とりあえずは、この新しいデータベースをもとに、一年ごとに一項目にまとめた中世の自然災害年表を作って、中世の旱魃・長雨・飢饉・疫病の実情を、お目にかけようと思い立ちました。巻末に収めた「日本中世の旱魃・長雨・飢饉・疫病年表」という長いタイトルの年表と「はしがき」に収めたグラフがそれです。

この「中世災害年表」やグラフをどう読めばいいかは、読者の方々のご判断にゆだねることとし、まずは私のおおまかな印象を、本書の「はしがき」で簡潔にのべてみました。だから読者の方々には、まず巻末の「中世災害年表」をざっと眺めてから、本文を開いていただきたいと願っています。

本文は「中世の生命維持の習俗」をはじめ、主に講演の記録を中心にさまざまな文章を集めています。できるだけ新たに手を入れて、加除や訂正を試みました。内容は、鎌倉時代の大飢饉のサバイバル・システムの分析、室町時代の応仁の乱の底流の追究、戦国時代の戦場の追跡へと、ほぼ中世を通して広がっていますが、やはり戦国の描写が多いので、標題はややひかえめに『飢餓と戦争の戦国を行く』としました。

「飢餓と戦争」というテーマは、ほとんど未開拓の、とても手ごわい難題です。どうすれば日本中世の「飢餓と戦争」の内奥に迫ることができるか。この未熟な小文集は、その手立てを、読者の方々にも考えていただく、一つの手がかりのつもりです。ご教示をいただければ幸いです。

なお「はしがき」のことわざは妻の香代子に教えられましたし、グラフの作成には、早稲田大学大学院の堀祥岳さんに全面的なご協力をいただきました。また朝日選書編集部の岡恵里さんには、文集の取りまとめに細々とご助言をいただき、長い自然災害年表の掲載を決断され、さらに『雑兵たちの戦場』(現在単行本、朝日選書近刊予定)、『戦国の村を行く』とこの『飢餓と戦争の戦国を行く』を合わせて、朝日選書の三部作になるよう、ご尽力をいただきました。体調を崩した苦境のなかで、なんとか文集をまとめることができたのは、ひとえに山崎クリニックのみなさんと岡さんのお力添えの賜物です。また『雑兵たちの戦場』の編集者だった能登屋良子さんにも、応援をいただきました。

ねんごろにお世話くださった各位に、あつくお礼を申し上げます。

二〇〇一年初夏

藤 木 久 志

参考文献・注

はしがき

日本思想大系『民衆運動の思想』岩波書店、一九七〇年
菊池勇夫『飢饉の社会史』校倉書房、一九九四年
福田千鶴「江戸時代前期の政治課題」『史料館研究紀要』二五、一九九四年
福田千鶴『幕藩制的秩序と御家騒動』校倉書房、一九九九年
近江吉明『黒死病の時代のジャックリー』未来社、二〇〇一年
『新編日本の活断層』東京大学出版会、一九九一年
『新編日本被害地震総覧』東京大学出版会、一九九六年
峰岸純夫『中世災害・戦乱の社会史』吉川弘文館、二〇〇一年
村井章介校注『老松堂日本行録』岩波文庫、一九八七年

一　中世の生命維持の習俗

E・ル＝ロワ＝ラデュリ（樺山紘一訳）『新しい歴史——歴史人類学への道』藤原書店、一九九一年
ヴェルナー・レーゼナー（藤田幸一郎訳）『農民のヨーロッパ』平凡社、一九九五年
西尾和美「室町中期京都における飢饉と民衆」『日本史研究』二七五、一九八五年
磯貝富士男「日本中世史研究と気候変動論」『日本史研究』三八八、一九九四年

秀村選三「近代前期肥後八代領＝宇土藩における上方抱者」『久留米大学比較文化研究科紀要』一ほか、一九九〇年
西谷地晴美「中世前期の温暖化と慢性的農業危機」『民衆史研究』五五、一九九八年
『中世政治社会思想』上、岩波書店、一九七二年
成城大学民俗学研究所編『日本の食文化』、一九九〇年
菊池勇夫『飢饉の社会史』前出
増田昭子『食の昭和文化史』おうふう、一九九五年
上田信『伝統中国』講談社選書メチエ、一九九五年

二　応仁の乱の底流に生きる

今谷明「文安土一揆の背景」『日本史研究』一四七、一九七四年
今谷明『土民嗷々』新人物往来社、一九八八年
笠松宏至『徳政令』岩波新書、一九八三年
勝俣鎮夫『一揆』岩波新書、一九八二年
黒川直則「中世後期の農民一揆と徳政令」『日本史研究』一〇八、一九六九年
黒川直則「徳政一揆の評価をめぐって」『日本史研究』八八、一九六七年
小林千草『応仁の乱と日野富子』中公新書、一九九三年
小峯和明『説話の声』新曜社、二〇〇〇年
酒井（野々瀬）紀美「鈴木良一著『応仁の乱』」『日本史研究』一五二、一九七五年

酒井紀美「応仁の乱と在地社会」『講座日本荘園史』4、吉川弘文館、一九九九年
酒井紀美「山城西岡の応仁の乱」『相剋の中世』東京堂出版、二〇〇〇年
鈴木良一『応仁の乱』岩波新書、一九七三年
アマルティア・セン（黒崎卓・山崎幸治訳）『貧困と飢餓』岩波書店、二〇〇〇年
中村吉治『土一揆研究』校倉書房、一九七四年
永島福太郎『応仁の乱』至文堂、一九六七年
永原慶二『下剋上の時代』日本の歴史10、中央公論社、一九六五年
西尾和美「室町中期京都における飢饉と民衆」『日本史研究』二七五、一九八五年
西尾和美「寛正二年の飢饉について」『歴史と地理』三七三、一九八六年
東島誠「前近代京都における公共負担構造の転換」『歴史学研究』六四九、一九九三年
東島誠「都市王権と中世国家」『王と公―天皇の日本史』柏書房、一九九八年
藤木久志『雑兵たちの戦場』朝日新聞社、一九九五年
藤木久志「中世戦場の略奪と傭兵」『人類にとって戦いとは』3「戦いと民衆」東洋書林、二〇〇〇年
藤田弘夫『都市の論理』中公新書、一九九三年
峰岸純夫「蓮如の時代」『講座　蓮如』1、平凡社、一九九六年
村田修三「惣と土一揆」『岩波講座日本歴史』7、一九七六年
百瀬今朝雄「応仁・文明の乱」『岩波講座日本歴史』7、一九七六年
横井清「大乱のなかの生活」『京都の歴史』3、学芸書林、一九六八年

脇田晴子『室町時代』中公新書、一九八五年

三　戦場の村

『静岡県史　資料編六・七・八　中世二・三・四』、一九九二年〜一九九六年
『静岡県史　通史編』、一九九七年

四　村の武力と傭兵／注

（1）藤木久志「村の若衆と老若」『戦国の作法』平凡社選書、一九八七年。

（2）藤木久志『豊臣平和令と戦国社会』東京大学出版会、一九八五年。

（3）この伝承の踏査には、石瀧豊美氏のご教示を得た。なお、石瀧氏の「身代わりの作法と共同体」（『毎日新聞』西部版、一九八七年九月十七日夕刊）、藤木久志「村の牢人」『戦国史研究』一八、一九八九年）参照。

（4）写、享保期の完成かとされる（『沼津資料集成』8、五頁参照）。本書は静岡県史編さん室伊東謙介氏のご教示による。

（5）駿東郡清水町「清水八幡神社文書」。

（6）天正九年（一五八一）三月廿一日、北条家印判状。『静岡県史　資料編』八―一三八二。

（7）八幡郷宛、永禄十一年（一五六八）十二月十二日、北条家印判状場。『静岡県史　資料編』七―三五〇一。

（8）前掲『豊臣平和令と戦国社会』の巻末索引「手柄次第」「自力次第」の項を参照。

（9）『戦国遺文』後北条氏編、二一七号。以下本文中に（遺文二一七）のように注記する。

(10) 十一月の小幡分宛の禁制も同文。遺文九九九・一〇〇一。
(11) 『峯(峰)相記』(『群書類従』巻八一六、『史籍集覧』一、斑鳩寺写本=東京大学資料編纂所写真帳(酒井紀美氏のご教示による)。
(12) たとえば『部落史史料選集』巻一、部落問題研究所編、二四六頁。
(13) 寺木伸明『近世部落の成立と展開』解放出版社、一九八六年。寺木説の位置づけについては、原口頴雄氏の指摘に学んだ(『季刊部落解放・ふくおか』六四・六五合併号、一九九二年三月刊、二五頁)。石瀧豊美氏のご教示による。
(14) 伝三井寺巻、詞第五段、永仁四年〈一二九六〉成立、前掲『部落史史料選集』巻一、一四二頁。
(15) 非人相論は前掲『部落史史料選集』巻一、一一七・一二三・一二八・一三九頁。北山非人は「中臣祐賢記」(前掲『部落史史料選集』巻一、二五七頁)。
(16) 『編年差別資料集成』第三巻参照。以下『差別史』三のように略記する。
(17) 『八坂神社記録』「八坂神社文書」『差別史』四—一二七・五二一頁。「本福寺由来記」『本福寺旧記』。
(18) 『部落史史料選集』巻一、一五六頁参照。
(19) 「後愚昧記」『部落史史料選集』巻一、二五一頁。
(20) 「満済准后日記」『差別史』四—三五一頁。
(21) 「康富記」『差別史』四—三九五頁。
(22) 「斎藤基恒日記」『部落史史料選集』巻一、二五九頁。
(23) 「長興宿禰記」『部落史史料選集』巻一、二五三頁。

(24)『信長公記』天正五年（一五七七）七月条、穢田城、角川文庫版二一二頁および同頁脚注による。なお『差別史』五一―一七九頁参照。穢多城への注目は石瀧豊美氏のご教示による。次注も同じ。
(25)『信長公記』天正十年（一五八二）五月条、角川文庫版二一二頁。なお『差別史』五一―一八三頁参照。
(26)「中沢文書」『松本藩法拾遺』。
(27)塚本学「江戸時代の村の武力について」『国立歴史民俗博物館研究報告』六六、一九九六年。同「村の武力と村民の安全」『平出博物館ノート』一〇、塩尻市平出博物館、一九九六年。塚本氏のご教示による。
(28)「周邦控書」所収、原口頴雄氏による編年史料解説から再引『季刊部落解放・ふくおか』二四〜二七頁。ほかに「長政公御代御書出令条」『九州史料叢書』所収、にも知られている。石瀧豊美氏の懇切なご教示による。
(29)原口頴雄氏による編年史料解説、二六頁参照。

五　九州戦場の戦争と平和

藤木久志『雑兵たちの戦場』（前出）
フロイス『日本史』全十二巻、中央公論社、一九七七年〜一九八〇年
『荘内地理誌』七四
外園豊基「豊臣期、豊後国における「人取り」について」『日本史攷究』二三、一九九七年
『宗像市史　史料編中世』、一九九六年
『十六・七世紀イエズス会日本報告集』同朋舎出版、一九八七年〜（続刊中）

小林一岳『日本中世の一揆と戦争』校倉書房、二〇〇一年
西川如見『長崎夜話草』二、岩波文庫、一九四二年
『日本城郭大系』一六、新人物往来社、一九八〇年
垣本言雄氏校訂『大分県郷土史料集成　地誌篇』臨川書店、一九七三年
三重野誠「戦国時代末期の臼杵」『史料館研究紀要』三、大分県立先哲史料館、一九九八年
野口喜久雄「近世初頭の豊後国農村と綿作」『地方史研究』二一―三、一九七一年
佐藤満洋「文禄二年の速見郡日出の石盛」『大分県地方史』六五、一九七二年
岩生成一『南洋日本町の研究』南亜細亜文化研究所、一九四〇年

六　中世の女性たちの戦場

山内進『掠奪の法観念史』東京大学出版会、一九九三年
大久保桂子「戦争と女性・女性と軍隊」『岩波講座世界歴史』25、一九九七年
福本勝清『中国革命を駆け抜けたアウトローたち』中公新書、一九九八年
海老澤美基「一五世紀大和の女性たち」『総合女性史研究』一二、一九九五年
田端泰子「中世の合戦と女性の地位」『歴史評論』五五二、一九九六年
川合康『源平合戦の虚像を剝ぐ』講談社選書メチエ、一九九六年
伊藤喜良「建武政権試論」『行政社会学論集』一〇の四、一九九八年
安井久善「『女騎あまた』の記事」『季刊ぐんしょ』再刊一〇、一九九〇年
西尾和美「説話の中の大力の女たち」『松山東雲女子大学人文学部紀要』五、一九九七年

細川涼一『平家物語の女たち』講談社現代新書、一九九八年
瀬田勝哉「足軽―精鋭集団と寄せ集め集団」『見る・読む・わかる日本の歴史』2、朝日新聞社、一九九五年
高木昭作「乱世」『歴史学研究』五七四、一九八七年
愛宕元『中国の城郭都市』中公新書、一九九一年
ハインリヒ・プロティヒャ（関楠生訳）『中世への旅　農民戦争と傭兵』白水社、一九八二年
若桑みどり「従軍慰安婦問題・ジェンダー史の視点から」『歴史と真実』筑摩書房、一九九七年
秀村選三「近世前期肥後八代領＝宇土藩における上方抱者」（前出）
宮崎克則『大名権力と走り者の研究』校倉書房、一九九五年
中村質『近世長崎貿易史の研究』吉川弘文館、一九八八年
中村質編『九州史料叢書』三七、九州史料刊行会、一九六五年
岩生成一『南洋日本町の研究』（前出）
林英夫「戦のならい」『史苑』四九―一、一九八九年
小嶋又次郎「嘉永七年アメリカ一条写」『日本近代思想大系』一、岩波書店、一九八八年

初出一覧

はしがき（新稿）

一　中世の生命維持の習俗

「中世の生命維持の習俗」『民俗学研究所紀要』二二、一九九八年

二　応仁の乱の底流に生きる――飢饉難民・徳政一揆・足軽たち

「応仁の乱の底流に生きる」『ものがたり日本列島に生きた人たち』4、岩波書店、二〇〇〇年

三　戦場の村

「戦場の村」『静岡県史』通史編2中世、第八章第一節、一九九七年

四　村の武力と傭兵

「村の傭兵」『荘園と村を歩く』校倉書房、一九九七年

五　九州戦場の戦争と平和

「民衆からみた戦争と平和」大分県立先哲史料館『史料館研究紀要』五、二〇〇〇年

六　中世の女性たちの戦場

「日本中世の女性たちの戦場」『総合女性史研究』一六、一九九九年

あとがき（新稿）

西暦	年号	災害情報（カッコ内は情報源と発信地域）
1150	久安6	諸国大風雨洪水の難（京都）、咳病蜂起、民庶死亡（京都）
1151	仁平1	去年暴風の難・洪水の困（改元）、大雨風洪水（京都）
1152	仁平2	暴風（京都）
1153	仁平3	中国四国実らず（京都）、大雨洪水（京都）、旱魃（京都）、暴風大雨人民驚騒（京都）
1154	仁平4	**大飢**（諸国）、甚雨洪水（京都）
1155	久寿2	諸国異損、**飢饉**（京都）
1159	平治1	大風洪水（京都）
1160	永暦1	天変兵乱・大乱（改元）、洪水・旱魃、**飢饉**・疱瘡（京都）
1161	永暦2	大旱（諸国）、天下疫疾・**飢饉**疱瘡（改元）
1162	応保2	夏大旱（京都）、春夏田畠旱損（羽前）
1163	応保3	春夏田畠旱損（羽前）、赤斑瘡（改元）
1165	永万1	天変恠異病（改元）
1168	仁安3	夏氷降る（会津）
1169	仁安4	大風（京都）
1170	嘉応2	十余年以来の大洪水・大風（京都）
1171	承安1	洪水（紀伊）、羊病流行（京都）
1172	承安2	疫病流行・霖雨洪水（京都）
1173	承安3	甚雨洪水・暴風大雨（京都）
1174	承安4	天下大旱魃・天下損亡（京都）

西暦	年号	災害情報（カッコ内は情報源と発信地域）
１１７５	承安５	痘瘡流行（改元）、霖雨洪水・**連年飢饉**・大風（京都）
１１７６	安元２	大風甚雨（京都）
１１７７	安元３	疱瘡流行・颶風大雨洪水（京都）
１１７９	治承３	颶風洪水（京都）
１１８０	治承４	春夏は炎旱、秋冬は大風洪水、西収絶ゆ（京都）、天下皆損亡（諸国）
１１８１	治承５	兵乱、旱魃、**天下飢饉**、疫癘餓死多（京都）
１１８２	養和２	兵革・**天下飢饉**・疫疾（改元）
１１８３	寿永２	**関東飢饉**（関東）
１１８４	寿永３	**関東飢饉**（関東）、風雨殊甚（京都）、炎旱の愁、都鄙充満（京都）
１１８５	元暦２	**諸国飢饉**、春夏大旱、秋冬風洪水（諸国）
１１８６	文治２	炎旱渉旬、窮民愁深（諸国）、大洪水、田畠多損（諸国）
１１８７	文治３	旱魃の愁、大風、風雨甚烈（京都）、洪水（鎌倉）
１１８８	文治４	大風雨、疱瘡御祈（鎌倉・京都）
１１８９	文治５	甚雨暴風（諸国）
１１９０	文治６	諸国旱魃（関東）、霖雨洪水、天下損亡（京都）
１１９１	建久２	炎旱の愁、洪水（京都）
１１９２	建久３	疱瘡流行（諸国）、洪水（京都）
１１９３	建久４	旱魃・疱瘡（京都）
１１９４	建久５	炎気渉旬、旱魃・甚雨（京都）
１１９５	建久６	大風顛倒（近畿）
１１９６	建久７	祈雨・旱魃（京都）

1197	建久 8	諸国疾疫流行（諸国）
1198	建久 9	社人死人を食す（京都）
1199	正治 1	旱魃、甚雨洪水（京都）、天下瘧病流行（京都）、咳病（京都）
1200	正治 2	天下一同病悩（京都）、河水大溢、諸方水損（京都）
1201	正治 3	大旱魃（山城）、京都及諸国大洪水（関東）、**飢餓**（伊豆）
1202	建仁 2	甚雨（京都）
1203	建仁 3	暴風雷雨、京中多破損（京都）
1204	元久 1	畿内諸国大風損（京都）、大地震（鎌倉）
1205	元久 2	畿内大風（京都）、畿内諸国大風（京都）
1206	建永 1	**天下餓死**（甲斐）、疱瘡流行（改元）、大風深雨（京都・鎌倉）
1207	承元 1	天下一同疱瘡（京都）、疱瘡・疾疫・雨水（改元）
1208	承元 2	旱魃（関東）
1209	承元 3	霖雨洪水（京都）
1210	承元 4	霖雨洪水、諸国作物損亡（諸国）
1211	建暦 1	甚雨洪水（京都）、洪水土民愁歎（関東）、大地震（京都・鎌倉）
1212	建暦 2	甚雨大風（京都）、雨降洪水（関東）
1213	建暦 3	大地震（紀伊、関東）、天変地異（改元）
1214	建保 2	大地震（諸国）、炎旱・大風雨洪水（諸国）
1215	建保 3	天下旱魃（大和）、大風、浜大鳥居顚倒（鎌倉）
1216	建保 4	洪水大風、天下大損亡、人畜溺死その数を知らず（大和）、諸国大風洪水（京都）
1217	建保 5	大風、所々過半損亡（京都）、大風、鎌倉中舎屋大略顚倒（関東）
1219	承久 1	炎旱火災（改元）、天下疾疫（京都）、大風雨洪水（関東）
1220	承久 2	麦大雨大風皆損（伊賀）、風雨甚、洪水流失（関東）

西暦	年号	災害情報（カッコ内は情報源と発信地域）
1221	承久3	暴風甚雨、天下疾疫（摂津）、**餓死**道路（安芸）
1222	貞応1	大風雨大洪水（会津）、大地震（関東）
1223	貞応2	諸国大疫（諸国）、炎旱・大地震（関東）
1224	貞応3	天下小児赤斑瘡流行（京都）、炎旱渉旬（京都・相模）、旱魃、天下疾疫（改元）
1225	嘉禄1	疫疾（改元）、諸国に赤斑瘡流行（京都・鎌倉）
1226	嘉禄2	疫疾大行（諸国）、霖雨（京都）、炎旱渉旬（京都）、大地震（京都）
1227	嘉禄3	天下疫病（諸国）、赤斑瘡流布（改元）、大風・洪水・霖雨（京都・関東）
1228	安貞2	大風炎旱（京都）、大雨洪水（会津・京都）
1229	寛喜1	天下旱魃（京都）、**日本大飢饉**、人多死（会津）、暴風甚雨（関東）、**飢饉**天変、大風（改元）
1230	寛喜2	大風猛烈、**天下飢饉**、人民餓死（諸国）、**天下一同不熟**、**餓死**（越中）
1231	寛喜3	**日本飢饉**（常陸）、**天下一同飢饉**（越中）、**天下飢饉**、炎旱（京都）
1232	貞永1	**諸国飢饉**（陸奥）、**飢饉・餓死**（伊豆）、疫病流行（諸国）、**飢饉**（改元）
1233	貞永2	咳病＝夷病流行、**天下一同飢渇**、餓死（備後）、炎旱（京都）
1234	天福2	夏大雪・大不熟（陸奥）、旱魃（京都）
1235	文暦2	雷鳴・雹降、皆損（京都）、樹木枯渇（大和）、疱瘡流行（京都）
1236	嘉禎2	疱瘡流行（関東）、炎旱亘旬（関東）、暴風雷雨（京都）
1237	嘉禎3	日本大雨、大洪水（会津）、甚雨洪水（関東）、大地震（諸国）
1238	嘉禎4	霖雨（京都）、大風（諸国）、大風霹靂洪水（関東）
1239	延応1	上下多夭亡之聞（改元）、霖雨（京都）、雷電霹靂（大和）
1240	仁治1	天下炎旱（改元）、天下旱魃**飢饉**（諸国）、世間皆損（京都）
1241	仁治2	大雨洪水（諸国）、炎旱渉旬（関東・大和）、虫損（伊賀）

1242	仁治 3	大雨洪水・旱魃（京都・伊勢）、諸国咳病流行（諸国）
1243	寛元 1	疱瘡流行（京都）、大旱魃（若狭）
1244	寛元 2	大地震、疫疾大行（京都）、咳病流行（関東）、諸国炎旱（京都）
1245	寛元 3	大地震（諸国）、甚雨洪水、天下損亡（京都）
1246	寛元 4	霖雨（京都）、炎旱（京都）、大地震（京都）
1247	宝治 1	大洪水（陸奥）、炎旱（京都）、大地震（相模）
1248	宝治 2	大雨洪水流失（大和・伊勢）、夏常陸に白雪（相模）、咳病流行（京都）
1249	建長 1	**飢饉**疫癘（琉球）、大風雨（紀伊）
1250	建長 2	冷夏霖雨（京都）、大地震（相模）
1251	建長 3	大風大雨、洪水（甲斐・相模）、霖雨（京都）、窮民救済（諸国）
1252	建長 4	**大飢饉**（京都・丹波）、洪水・旱魃（関東・京都）、旱損（紀伊）
1253	建長 5	日本大地震（会津）、祈雨、止雨奉幣（京都・鎌倉）
1254	建長 6	霖雨（京都）、颶風甚雨（相模）、大旱（京都・鎌倉）
1255	建長 7	赤斑瘡流行（甲斐・京都）、大雷雨洪水（相模）、雨請（京都）
1256	建長 8	日本大悪作（諸国）、大風洪水、損亡（相模）、赤斑瘡（諸国・改元）
1257	康元 2	大旱魃・大地震・大疫病・**餓死**無数（諸国）、**日本大飢饉**（会津）
1258	正嘉 2	大風・**大餓死**（能登）、**飢饉**（京都）、天下大風・人民**餓死**（諸国）
1259	正元 1	**飢饉**、**餓死**者無数（京都）、疫癘、**飢饉**、多死（羽前）、**諸国飢饉**（相模）、**天下飢饉**疫疾（改元）
1260	正元 2	**天下疫饑**（京都）、**天下大飢饉**・疾疫（京都）、諸国大風（諸国）
1261	弘長 1	**此両三年飢饉**、百姓一人も候はず（武蔵）、大風（京都）
1262	弘長 2	世間疫癘流行（京都）
1263	弘長 3	冷夏（相模）、大風（諸国）、大風諸国損亡、百姓愁歎（相模）
1264	文永 1	大旱、京都疫癘・咳病流行（京都）、世間疫癘流行（京都）

西暦	年号	災害情報（カッコ内は情報源と発信地域）
1265	文永2	大雨大洪水、人家流出（会津）、降雨車軸のごとし…半死半生（相模）
1266	文永3	作毛損亡（摂津）、霖雨（京都）、大風（京都）
1267	文永4	雹降・洪水（京都）、止雨奉幣（京都）
1268	文永5	止雨奉幣（京都）、祈雨奉幣（京都）
1269	文永6	非人二千人に供養（大和）
1270	文永7	霖雨（京都）、疫癘流行（房総）
1271	文永8	大風（京都）、諸国旱害**飢饉**、濃尾甚し（諸国）
1272	文永9	祈雨（京都）、麦損亡（伊予）
1273	文永10	霖雨（京都）、大旱魃（丹波・京都）、炎旱**飢饉**（京都）、**日本国一同飢渇**（佐渡）
1274	文永11	炎旱、**飢饉**（京都）、不作損亡、**飢饉**（安芸）、天下一同異損（大和）、大風（関東・筑前）
1275	文永12	大風損亡、土民逃散（紀伊）、炎旱渉旬（山城）、諸国麻疹流行（京都）
1276	建治2	大風・大旱・**飢饉**・疫癘（甲斐）
1277	建治3	疫病（甲斐）、大旱魃（相模）、天下病患流布、人多死（京都）
1278	弘安1	**日本国数年飢渇**、疫病（諸国）、疫癘（改元）、大旱魃（諸国）
1279	弘安2	炎旱（京都）、秋の霜雪、作稲損失（関東・飛騨）
1280	弘安3	洪水、人家流亡（大和）、人肉食する者無数（諸国）
1281	弘安4	大風（諸国）、神風吹く（陸奥）
1282	弘安5	大風洪水（諸国）、日本国中人民喉腫、忽死（羽前）、病事流布（諸国）
1283	弘安6	悪疫流行、人民多死（諸国）、霖雨洪水（京都）
1284	弘安7	炎旱（京都）、伊勢大風（伊予）、大雷雨（京都）
1286	弘安9	甚雨・洪水・暴風（京都）

年	年号	事項
1287	弘安 10	霖雨・洪水（京都）、大風（伊勢）
1288	正応 1	夏以来世間病事流布（諸国）、雨風、天下の異損、民間の苦患（京都）
1289	正応 2	大風雨（京都・鎌倉）、病事流布（京都）
1290	正応 3	諸国洪水（会津）、日本大地震（会津）
1291	正応 4	炎旱（大和）、大雨洪水、人家漂没、死人甚多（相模）、大風（会津）
1292	正応 5	旱・水損亡（大和）、大洪水（下野）
1293	永仁 1	大地震（東国）、炎旱（京都）、炎旱天変地震（改元）
1294	永仁 2	雪深、作稲損失（飛騨）、霜雪、東国・北陸道一向凋弊（北陸）
1295	永仁 3	大雨洪水（京都）、大風（紀伊・京都）
1296	永仁 4	**天下大飢饉**（羽前）、大風損亡（讃岐）
1297	永仁 5	天下大地震（諸国）、雹降、草木打損（大和）
1298	永仁 6	**大飢渇**（羽前）、大風・洪水、逃散（美濃）
1299	正安 1	疫疾流行（諸国）
1300	正安 2	日本大風（会津）、世間病事流行（京都）
1301	正安 3	炎旱・損亡（山城）、熊野大風洪水（紀伊）、天下旱魃（山城）
1302	正安 4	**大餓死**（能登）、大風雨（相模・京都）、炎旱（京都）
1303	嘉元 1	炎旱過法（紀伊）、天変炎旱（改元）、大風雨（鎌倉）
1304	嘉元 2	祈雨（京都）、大風雨、損亡（大和・若狭）
1305	嘉元 3	大旱雨乞豊年（会津）、虫損・風損、国中平均（若狭）
1306	嘉元 4	赤斑瘡流行（諸国）、武州洪水（武蔵）、大損亡（若狭）
1307	徳治 2	天下疹病流行、五穀不実（諸国）、大地震（関東）、赤斑瘡（鎌倉・甲斐）
1308	徳治 3	鎌倉大災（鎌倉）、大風雨（京都）
1309	延慶 2	諸国大風（京都）、大風**大飢饉**（丹波）、大風洪水、人屋顛倒（伊勢）

西暦	年号	災害情報（カッコ内は情報源と発信地域）
1310	延慶3	**天下飢饉**（加賀）、大洪水（相模）、大風天下損亡（越中）
1311	応長1	京畿諸国疫病流行、俗称三日病（諸国）、天下疫病（改元）
1312	正和1	鴨川洪水、人民多溺死（京都）、一国平均大損亡（若狭）、天変地震（改元）
1313	正和2	霖雨洪水（京都）、大風大雨（京都）
1314	正和3	疱瘡流行（京都）、**諸国悪作飢饉**（諸国）、霜降人多死（陸奥）
1315	正和4	災旱（京都）、疫疾流行（京都）、止雨奉幣（京都）
1316	正和5	諸国上下三日病（加賀）、疾疫流行（諸国）、大損亡（播磨）
1317	文保1	大地震（改元）、大旱（京都）、雨乞料（播磨）
1318	文保2	祈雨奉幣（京都）、大地震・大雨洪水（東国）
1319	元応1	霖雨、疾疫流行（京都）、咳病流行、人多死（京都）
1320	元応2	赤斑瘡流行（諸国）、**飢饉無極**（京都）
1321	元応3	雨乞始、天下大損亡（大和）、大旱、**大飢饉・餓死**（会津）
1322	元亨2	大旱・洪水、**餓死**（能登）、夏大旱、**諸国大飢饉**、**餓死多し**（諸国）
1323	元亨3	天下大旱、**飢饉**（諸国）、霖雨・洪水（京都）
1324	元亨4	天下大地震（紀伊）、大洪水（諸国）
1325	正中2	大雨天下大洪水、田畠水損、**飢饉**（会津）、大地震（諸国）
1326	嘉暦1	世間病事流布（改元）
1328	嘉暦3	大洪水（甲斐）
1329	元徳1	疾疫、咳病流行、人民多死（改元）
1331	元弘1	諸国大地震（諸国）、疾疫（改元）
1332	元弘2	阿蘇噴火（肥後）

年	年号	事項
1333	正慶 2	洪水（美濃）、天下大乱（肥後）
1334	建武 1	不熟損亡（若狭）、顚旱（豊後）、秋大洪水（山城）、大地震（京都）
1335	建武 2	霖雨洪水（京都）、世間**飢饉**（若狭）
1336	建武 3	兵乱、**飢饉**、**人民餓死**（加賀）
1337	建武 4	**飢饉**（甲斐）、大雨雷鳴（山城）
1338	建武 5	洪水（摂津）、**飢饉**（薩摩・京都）、炎旱過法（相模）
1339	延元 4	瘧病流布（京都）、大洪水（会津）、大風雨（諸国）
1340	暦応 3	大地震（京都）、豊州顚旱（豊後）、大旱**餓死**（京都）、洪水損毛（石見）
1341	暦応 4	大旱（京都）、大地震（相模）
1342	康永 1	天変地妖、疱瘡（改元）、天下炎旱（大和）
1343	康永 2	大地震（相模）、炎旱（京都）、大風雨（会津）
1344	康永 3	麦損亡（伊勢）、大雨、日本大水（会津）、洪水（京都）
1345	康永 4	氷降、麦皆損（伊勢）、天下大洪水（京都）、咳病世間流布（京都）
1346	貞和 2	三年分大損亡（播磨）、大風甚雨、洪水（京都）
1347	貞和 3	畿内以外洪水、霖雨過法水損（京都）、大地震（京都）
1348	貞和 4	祈雨、洪水（京都）、雨大水（大和）
1349	貞和 5	天下大旱、**飢饉**（京都）、大風雨、**日本飢饉**、牛馬大病流行（会津）
1350	観応 1	疾疫流行（諸国）、洪水以外（京都）、大風大雨大水、人多死（大和）
1351	観応 2	天下疾疫流行（京都）、大風雨（山城）、大地震（京都）
1352	正平 7	**飢饉**（京都）、大風大雨、倒木（大和）
1353	正平 8	旱魃・霖雨・洪水、**飢饉**（京都・諸国）、大風、天下損亡（諸国）
1354	正平 9	霖雨、諸国洪水（京都）、大洪水**大飢饉**、犬牛馬大病流行、人多死（会津）
1355	文和 4	諸国霖雨洪水（京都）、戦闘、百姓逃散（山城）、雨乞（大和）

西暦	年号	災害情報（カッコ内は情報源と発信地域）
1356	延文1	**天下大飢饉**（越中）、大洪水（加賀・京都）、天下大地震（諸国）
1357	延文2	**飢饉**（加賀・京都）、諸国洪水（諸国）、関東大風（関東）
1358	延文3	諸国洪水（諸国）、大地震（京都）
1359	延文4	天下疫病、人民多死（加賀）、洪水（諸国）、炎旱（京都）
1360	延文5	旱魃・**飢饉**・疾疫流行（京都）、大地震、人多死（武蔵）、大風（諸国）
1361	康安1	疫疾疱瘡、天変地震（改元）、麦損亡（若狭）、近畿大地震（京都）
1362	貞治1	大旱、**諸国大飢**（京都）、赤斑瘡流行（京都）、旱魃、人民**餓死**（大和・諸国）、兵革天変流病地妖（改元）
1363	貞治2	疾疫流行（京都）、**国中大饑**（阿波）
1364	貞治3	洪水過法、霖雨（山城）、大地震（会津）
1365	貞治4	天下大咳病（諸国）、疱瘡疫病流行（大和）
1366	貞治5	疫癘流布、**飢饉**、**餓死**（京都）、暴風、作毛田畠損失（京都）
1367	貞治6	東西疾疫流行（諸国）、大地震（羽前）、矢野庄大旱魃大損亡（播磨）
1368	応安1	病患天変地妖（改元）、冷夏（陸奥）
1369	応安2	天下大旱、五穀不登、**飢饉**、人多死（京都）、大風（京都・相模）
1370	応安3	駿河以東諸国**飢饉**（諸国）、大風損、相模洪水（諸国）
1371	応安4	大雨洪水（京都）、皆水損（山城）、東西咳病流行（諸国）
1372	応安5	疾疫流行（京都）、大風（諸国）、雹降（諸国）
1373	応安6	疫病流行（大和）、大雷大風（諸国）
1374	応安7	疱瘡流行（京都）、水損（山城）
1375	永和1	日本大地震（会津）、洪水（肥後）
1376	永和2	三ケ度大水河成（播磨）、水害（山城・丹波）

1377	永和3	日本大旱魃、大悪作**飢饉**（諸国）、天下大地震、山崩、洪水（諸国）
1378	永和4	**天下大飢**（対馬）、疫病流行（京都）、大風（諸国）
1379	康暦1	**諸国大飢饉**（上野・京都）、諸国咳病（甲斐）、疾病兵革（改元）
1380	康暦2	赤斑瘡流行（京都）、不作河成（山城）
1381	永徳1	疱瘡祈禱（京都）、焼田旱魃（播磨）、大風破損（山城）
1383	永徳3	疾病流行（京都）、水損（丹波）
1384	永徳4	大地震（加賀）、霖雨洪水（京都）、大洪水（甲斐）
1385	至徳2	水損（山城）、旱魃（和泉）、大地震（能登）
1386	至徳3	大洪水（美濃）、旱魃損亡目安（播磨）
1387	嘉慶1	諸国疫疾流行（京都）、大地震、天下疫病疱瘡流行（会津）、疾疫流行（改元）
1388	嘉慶2	畠地子損亡不弁（丹波）、夏大雪（陸奥・大和）
1389	康応1	大洪水（美濃）、病事（改元）、霖雨（京都）
1390	明徳1	日本洪水、**天下大飢饉**、疾病流行（京都・会津）
1391	明徳2	**大飢渇**（美濃）、**大飢饉**（丹波）、**飢饉・餓死**、疫癘流布（京都）
1392	明徳3	諸国疫癘、人多死（諸国）、大旱（陸奥）、大洪水（武蔵）
1393	明徳4	**飢饉**（京都）、大旱魃、**天下大飢**（諸国）、秋大洪水（京都）
1394	応永1	旱魃（陸奥）、疱瘡、旱魃（改元）、虫損（播磨）
1395	応永2	大雨洪水（山城）、虫損（播磨）
1396	応永3	水損（山城）、畠不作（紀伊）、損亡（若狭）
1397	応永4	旱損（京都）、大風洪水（京都）
1398	応永5	天下大損亡、西国**大旱魃**、大風洪水（備中）
1399	応永6	炎旱（京都）、皆々損亡（若狭）
1400	応永7	旱魃（大和）、荒田損亡（丹波）

西暦	年号	災害情報（カッコ内は情報源と発信地域）
1401	応永8	**天下大飢饉**（加賀）、秋七月洪水（京都）
1402	応永9	夏大旱、秋洪水・大風（諸国）、陸奥**飢饉**（陸奥）、諸国大旱魃（京都）
1403	応永10	熊野大地震津波（紀伊）、上総大津波（上総）、伊勢大風雨（伊勢）
1404	応永11	**天下飢饉**（信濃）、貢物半減（駿河）、天地鳴動（出羽）
1405	応永12	日本大風、洪水、**大飢饉**、**餓死**（越中・会津）、天下一同麻疹病（京都）
1406	応永13	春**飢饉**（京都・諸国）、天下**大飢饉**（諸国）、大風大洪水（諸国）
1407	応永14	天下旱魃、**大飢饉**、咳病流行、大地震（諸国）
1408	応永15	大風、**大飢饉**（京都・越中）、天下一同三日病（諸国）
1409	応永16	**天下大飢渇**、人民死、夏三日病（越後）、国中震動（上野）
1410	応永17	三日病流布（京都）、天下大疫病（越中）、大水大風（京都）
1411	応永18	春**飢饉**（京都）、大洪水（畿内）
1412	応永19	**大飢饉**、日本**大飢饉**（会津）、大地震、疫癘、**飢渇**（山城）
1413	応永20	損亡強訴（播磨）、東国大風・大洪水（諸国）、日照損亡（播磨）
1414	応永21	去夏洪水損亡（播磨）、種食失、御年貢一粒もなく（丹波）
1415	応永22	損亡（丹波）、大風・暴雨、冷夏（諸国）、矢野庄損亡（播磨）
1416	応永23	夏大旱（伊予）、焼田皆損、以外稲損失（播磨）、大水風損毛（丹波）
1417	応永24	病気世間流布（山城）
1418	応永25	大旱魃、荒不作、地下皆損（播磨）、諸国大風（甲斐）
1419	応永26	関東諸国**飢饉**（下野）、大洪水（陸奥・京都）、大風、大旱魃、大地震、**飢饉**（関東）
1420	応永27	天下大旱魃、畿内西国殊不熟、人民多**餓死**（諸国）、**天下大飢饉**（京都）
1421	応永28	**大餓死**（能登）、天下旱魃、**大飢饉**、疫病、人民多死（京都・諸国）

西暦	和暦	事項
1422	応永29	大旱魃、皆損（播磨）、大山荘損亡、西田井皆損（丹波）
1423	応永30	霖雨洪水、天下悉損（諸国）、国中損亡（播磨）
1424	応永31	**飢饉**・疫病、人民多死（加賀）、大旱魃、洪水、**大飢饉**、人民多死（会津）、霜降**飢渇**（常陸）、**飢疫人多死**（京都）
1425	応永32	大水・大風損亡、百姓失（播磨）、大洪水（京都・加賀）、大地震（越後）
1426	応永33	旱魃（上野）、洪水（京都）、大洪水、田畠大損（陸奥）
1427	応永34	**大飢饉**・疫病、人死（陸奥）、旱魃・霖雨・大洪水、人死（京都・陸奥・関東）
1428	正長1	**大飢饉**、天下人民多死（甲斐）、**飢饉餓死**、諸国窮民蜂起（京都）、天下一同三日病（京都・越中）
1429	正長2	**天下大飢饉**、疫疾、人民多死（京都・諸国）、洪水（大和）
1430	永享2	大風・大水、堤切、損亡（山城）、炎旱もってのほか（京都）
1431	永享3	**大飢渇**（越後）、洪水（京都）、洛中辺土**飢饉・餓死**（山城）、流田損免（山城）
1432	永享4	疾疫（京都）、洪水（播磨）、大地震（陸奥・鎌倉）、旱魃（播磨）
1433	永享5	旱魃・皆損・**飢饉**（西国）、日本大地震（会津）
1434	永享6	疫癘流行・飢死多（京都）、諸国炎旱（諸国）
1435	永享7	疫大行、人多死（会津）、上久世・矢野庄損亡（山城・播磨）
1436	永享8	炎旱（諸国）、疫病流行（駿河）、炎旱のち洪水（京都）
1437	永享9	霖雨洪水、天下不熟（京都）、**大飢饉**、人多死（関東）
1438	永享10	去年霖雨、今年**飢饉**（京都）、諸国疫病・**飢饉**（諸国）
1439	永享11	大洪水（京都）、旱魃（京都）、大風・洪水、人多死（会津）
1440	永享12	炎旱（京都）、大風雨（諸国）、大地震（会津）
1441	嘉吉1	諸国麻疹流行、赤斑瘡（京都）、大風、洪水（京都）
1442	嘉吉2	大水（越後）、洪水（京都）、大風（畿内）、大地震（上野）
1443	嘉吉3	炎旱逃散（山城）、大旱魃日損（駿河）、諸国大風洪水（諸国）

西暦	年号	災害情報（カッコ内は情報源と発信地域）
1444	文安1	流田損（山城）、霰降る（諸国）、日焼損、**飢渇**（丹波）、大地震（越中）
1445	文安2	大雨洪水（山城）、大風（諸国）、洪水（加賀）、作日焼、損毛以外（丹波）
1446	文安3	大洪水（諸国）、夏疫病流行（京都）、大風（京都）
1447	文安4	大風、洪水、炎旱（能登）、旱魃、三日病・咳病流行（京都）、大風（諸国）
1448	文安5	水災、地震、疫疾、**飢饉**（能登）、天下疾疫、**大飢饉**（紀伊・京都）、霖雨大洪水（諸国）
1449	宝徳1	諸国疾疫流行、多死（京都）、大雨洪水（諸国）、地震・疾疫・**飢饉**（改元）
1450	宝徳2	諸国疫病流行、京都最甚（京都）、大風（諸国）、九月大雪（甲斐）
1451	宝徳3	炎旱（大和）、夏大雨洪水、洛中人多死（京都）、天下疫疾流行（京都）
1452	享徳1	京・北陸疱瘡流行、小児多死（京都）、天下大雨洪水（奥羽・京都）、大風雨半損（丹波）
1453	享徳2	洪水（能登）、北陸疱瘡流行（京都）、大地震（武蔵）
1454	享徳3	夏長雨（京都）、大風（能登）、大地震（関東）
1455	康正1	水損皆損（駿河）、**飢饉**（諸国）、大地震（陸奥）
1456	康正2	**大餓死**（能登）、大雨（京都）
1457	長禄1	諸国疫病流行（諸国）、病患旱損（改元）、諸国大風・旱損（大和・摂津）
1458	長禄2	大旱魃、人死（大和・武蔵）、大風、諸作吹損（駿河）、天下一同大損亡（摂津）
1459	長禄3	炎旱、凶作（大和・京都・日向）、旱魃**飢饉**（京都）、大風吹損（諸国）、鴨川洪水（京都）
1460	寛正1	**天下飢饉**、疫病・**餓死**（京都）、旱魃凶作（讃岐）、五穀不熟・旱損・虫損・**飢饉**（改元）
1461	寛正2	**天下飢饉**、天下疫病、炎旱・**餓死数千人**（諸国）、**世上飢饉**、乞食多（大和）、**天下疫饑人相食**（京都）
1462	寛正3	加賀洪水（加賀）、長雨大霜（備中）
1463	寛正4	諸国疫病（諸国）、河成不作（備中）、大風雨（鎌倉・伊勢・京都）
1464	寛正5	霖雨洪水（大和）、耕作流失（摂津）、旱魃大風洪水（備中・京都）

西暦	和暦	事項
1465	寛正6	旱魃大風（肥前）、大風雨、大洪水（諸国）、越後大地震（会津）
1466	文正1	大風洪水（丹波・鎌倉）、**天下大飢饉**（会津）
1467	応仁1	日損侘言、年貢無沙汰（備中）、暴風洪水（伊勢）、洪水大風（松前）
1468	応仁2	大風洪水・**飢饉**・疫癘、人多死（諸国・松前）、旱魃（京都）
1469	文明1	**飢饉**・疫病、人多死（松前）、霖雨暴風（大和・伊勢）、大雨洪水、水損（諸国）
1470	文明2	大雨・大洪水、水損（大和・伊勢）、氷降（大和）
1471	文明3	霖雨・炎旱・疱瘡・**飢饉**（畿内・松前）
1472	文明4	天下大旱、**飢死**（諸国）、炎旱、**大飢饉**（京都）
1473	文明5	大旱魃・疫癘倍増（京都）、**大飢饉**、**餓死**（甲斐）、春**万人餓死**（武蔵）
1474	文明6	大旱魃凶作（上野）、諸国虫損（駿河）、炎旱（京都）、天下大雨洪水（会津）
1475	文明7	長雨大洪水、疫病流行（京都）、**世上飢渇**、人多死（上野・松前）、高潮（諸国）
1476	文明8	炎旱・大雨、**飢饉**（京都）、大地震（武蔵・京都）、桜島噴火（薩摩）
1477	文明9	**飢饉無限**、小児疫病（甲斐・会津）、大風大雨洪水（諸国）、半損（駿河）
1478	文明10	夏甚雨洪水過法（諸国）、秋炎旱（京都）
1479	文明11	炎旱・旱魃（京都・会津）、大風（関東）、大地震（会津）
1480	文明12	年々不作困窮（駿河）、大風破損顚倒（諸国）、炎旱の愁（京都）
1481	文明13	天下疫病流行、人多死（甲斐）、炎旱以外（京都）
1482	文明14	大風洪水、凶作、**飢渇**、人多死（甲斐・西国北国・武蔵）、疫病（肥後）、損亡三分二（京都）
1483	文明15	疫病流行（甲斐）、洪水・炎旱・秋霜・民愁無極（京都）、大風（大和）
1484	文明16	ハシカ流行、小児多死（諸国）、夏旱魃、秋水損（大和・讃岐）
1485	文明17	夏旱魃、秋大雨（諸国）、天下大疫、兵乱（能登）、日焼事外（摂津）、世間悪病大死（播磨）
1486	文明18	天下大疫（甲斐）、大風水損（能登・加賀）、霖雨洪水（九州・畿内）
1487	長享1	火事、病事、兵革（改元）、疫病、人多死（甲斐）、洪水悉損（京都）

西暦	年号	災害情報（カッコ内は情報源と発信地域）
1488	長享2	疫病流行、人多死（諸国）、牛馬多死、三日病（諸国）、大水損（諸国）
1489	延徳1	天変病事赤斑瘡（改元）、疫病流行、天下**餓死**（能登）、旱魃（常陸）
1490	延徳2	大風雨、**大飢饉**、**餓死無限**、**牛馬飢死大半**（甲斐）、大風洪水（畿内）
1491	延徳3	天下疫病、人多死（武蔵・紀伊・能登・大和）、近畿連旬旱魃（近畿）
1492	明応1	天下疫病・**大飢饉**、人多死、牛馬**餓死**無限（諸国）、天下大風大洪水（京都）
1493	明応2	洪水（諸国）、天地震動、大雨、耕作流失（会津）
1494	明応3	旱魃、凶作（諸国）、洪水（肥後）、大地震（会津）、**飢人餓死**多数（遠江）
1495	明応4	炎旱過法（京都）、大風洪水、**飢饉**（能登・会津）、鎌倉大地震（紀伊）、諸国疱瘡流行（諸国）
1496	明応5	諸国大旱魃（諸国）、大洪水大風、凶作（甲斐・能登・諸国）
1497	明応6	**飢饉**（会津）、炎旱（京都）、大霜、麦悉損（備中）、大地震（諸国）
1498	明応7	**餓死**（諸国）、大雨洪水、天下大悪作（諸国）、炎旱（京都）、天下大地震・津波（諸国）
1499	明応8	**諸国大飢饉**、疫癘流行、人多死（諸国）、炎旱・暴風・虫害（京都）
1500	明応9	長雨、天下疫病、人多死（京都）、**飢饉・餓死**（九州）、炎天大風（京都）
1501	文亀1	天下大旱魃・**大飢饉**、人多死（諸国）、京畿大風雨（諸国）、霜降**大飢饉**（会津）
1502	文亀2	天下風雨大洪水、人馬多死（諸国）、春**大飢饉**、万民死（武蔵）
1503	文亀3	天下大旱魃、**大飢饉**、**餓死**（諸国）、旱魃皆損（和泉）、大洪水（山城）
1504	永正1	炎旱連続（京都）、天下**飢饉**、**餓死**（諸国）、疾病流行（諸国）
1505	永正2	天下疫癘多死（諸国）、**日本国大飢饉**（会津）、大風霖雨洪水、五穀不熟（京都）
1506	永正3	**天下大飢饉**（京都）、鼠害（京都）、諸国麻疹流行（京都・上野）
1507	永正4	諸国鼠害多し（常陸）、大雷雨（京都）
1508	永正5	長雨凶作洪水（甲斐、会津）、宿雨洪水（京都）

1509	永正6	炎旱（京都）、患疾人多死（会津）、洪水（諸国）、風損（山城）
1510	永正7	**飢饉**（諸国）、長雨洪水（京都・東国）、大地震、大津波（諸国）
1511	永正8	口痺流行、人民多死（甲斐）、洪水不作（諸国）、**飢饉**、人多死（諸国）、蝗害（会津）、疱瘡流行（京都）
1512	永正9	**大飢饉**、**餓死**（諸国）、疱瘡流行、小児多死（諸国）、咳病流行（甲斐）
1513	永正10	諸国**餓死**（京都）、天下疱瘡（会津）、流多失米（山城）
1514	永正11	春**飢饉**（京都）、天下大旱魃、大地震（諸国）、**大飢饉**（摂津）
1515	永正12	天下唐瘡（能登）、大旱魃（越後）、大風（紀伊）
1516	永正13	大地震（甲斐、京都）、大風洪水（鎌倉・会津・京都）
1517	永正14	**天下大飢饉**（京都）、大雪、大洪水、五穀不熟（甲斐、上野）、夏旱魃（常陸）、暴風洪水（諸国）
1518	永正15	大旱魃（紀伊）、**天下大飢饉**、**餓死**（諸国）、大風雨洪水、悪作、**飢饉**、人民**餓死**（諸国）
1519	永正16	**日本飢饉**、**餓死**（諸国）、大地震（京都）、大雨洪水、人死（山城）
1520	永正17	暴風雨、水損（諸国）、大地震（紀伊）、咳病流布（山城）、虫食（播磨）
1521	大永1	大風雨（大和）、三日病以外（大和）、咳病流布（山城）
1522	大永2	畿内近国疱瘡死去（京都）、大風大洪水（大和・尾張）
1523	大永3	都留郡**大飢饉**、小児疱瘡死去（甲斐）、大雨洪水（会津・京都）
1524	大永4	夏大旱魃（上野・会津）、大雨洪水（会津・京都）
1525	大永5	疱瘡流行（諸国）、**天下飢饉**（諸国）、大風雨悪作（諸国）、日本大地震（会津）
1526	大永6	虫損（河内・京都）、諸国五穀不熟（越後）、大雨洪水（山城）
1527	大永7	諸国疫癘、人民死（越後）、疫疾流行（信濃）、大雨洪水（山城）
1528	享禄1	炎旱（京都）、大洪水・旱魃・**餓死**（甲斐・会津）、炎旱難儀（京都）
1529	享禄2	三日病、日本国中牛死（出羽）、大洪水・大風（美濃・京都）、大地震（京都）
1530	享禄3	洪水（諸国）、夏秋大旱（会津）、夏長雨（駿河）、天下疫病、人畜多死（甲斐）
1531	享禄4	洪水（肥後）、小児疱瘡無限（甲斐）

西暦	年号	災害情報（カッコ内は情報源と発信地域）
1532	天文1	洪水（諸国）、春夏虫、**飢饉**、**人民餓死**、天下日照、疱瘡（諸国）
1533	天文2	天下日照、小児疱瘡（甲斐）、大雨（諸国）、関東旱魃（関東）
1534	天文3	諸国疫病流行、人多死（諸国）、**餓死**疫病（甲斐）、不作洪水、疾病流行、人多死（会津）
1535	天文4	諸国大旱魃・**飢饉**（諸国）、咳気流行、多死（甲斐）、大風（諸国）
1536	天文5	夏長雨、**餓死**、疫病（甲斐・若狭）、大洪水（諸国）、大風（肥後）
1537	天文6	疾病流行（若狭・甲斐・東国）、大風大水（丹波・肥後）
1538	天文7	大地震（紀伊・肥後・丹波）、春**飢饉**、**餓死**（甲斐）、**飢渇**（出羽）
1539	天文8	秋蝗害凶作（京都）、炎旱、大風洪水、世上不熟（諸国）、9月雪降、凶作**餓死**（諸国）
1540	天文9	**諸国大飢饉**、大疫（諸国）、天下大疫、人民多死（京都）、大風大洪水（諸国）
1541	天文10	**飢饉**、**餓死**（伊勢）、大風大雨大洪水（諸国）
1542	天文11	秋大風、**餓死**無限（甲斐）、大風雨大洪水（諸国）
1543	天文12	大風（越後）、東国疫病流行（東国）
1544	天文13	夏**餓死無限**（甲斐）、五畿七道大洪水（諸国）
1545	天文14	大旱（大和・甲斐）、**飢饉**、**餓死**（甲斐）、蝗虫、**天下飢饉**（会津）
1546	天文15	大風大雨水損、**餓死**（甲斐）、大風（会津）、地震（肥後）
1547	天文16	乱入**飢饉**（駿河）、大地震（丹波）、白山噴火、五穀不熟（飛騨）
1548	天文17	洪水（豊後）、水没貴賤多死（京都）
1549	天文18	大地震（甲斐）、不作損亡（駿河）、大風（京都・関東）
1550	天文19	大雨大風、世間**餓死**無限（甲斐）、砂降（上野・下総）、国中諸郡退転（伊豆・相模・武蔵）、大雨洪水、日本大風（諸国）
1551	天文20	春中**餓死無限**、夏大旱魃枯死（甲斐）、虫損不作、**餓死**、大水（肥前・肥後）

西暦	年号	事項
1552	天文21	凶作、**飢饉**（甲斐・豊前）、洪水（若狭）、旱魃・五穀亡（肥前）
1553	天文22	旱魃（甲斐・会津・肥後）、地震（肥後）、関東大風雨（関東）
1554	天文23	大旱魃多死、大風（甲斐）、白山噴火、五穀不実（飛騨）、大風洪水（諸国）
1555	弘治1	数年旱魃困窮（遠江）、大雨洪水（諸国）、大地震（諸国）
1556	弘治2	**飢饉**（陸奥）、咳気流行、小児多死（京都）、天下旱魃（常陸）、風損（諸国）
1557	弘治3	天下旱魃、**大飢饉**（諸国）、麻疹疱瘡（京都）、大風洪水不作（諸国）
1558	永禄1	天下大旱魃、大風洪水（諸国）、**餓死**（常陸）、大雹降る（京都）
1559	永禄2	大旱（西国）、長雨荒亡（越後）、天下疫病人多死（諸国）、冷夏（飛騨）、大洪水（諸国）
1560	永禄3	水損不作（越後）、旱魃（諸国）、長雨、疫病流行、多死（上野・甲斐）
1561	永禄4	天下大疫病、多死（加賀・能登・甲斐・武蔵・常陸・陸奥）
1562	永禄5	日照皆損（甲斐）、大乱大疫、**大飢饉**（武蔵）、大洪水、水損前代未聞（肥後）
1563	永禄6	疫病流行（諸国）、麦大風損（甲斐）、大洪水、**飢饉**、多死（武蔵）、高潮（肥後）
1564	永禄7	大風雨・大洪水（山城・武蔵・肥後）、阿蘇噴火（肥後）
1565	永禄8	諸国不熟、**万民餓死**（美濃）、**飢饉**（常陸）、霜降、**飢饉**、人民牛馬多死（陸奥）
1566	永禄9	**大飢饉**（京都・諸国）、旱魃凶作（肥前）、大雨洪水（諸国）
1567	永禄10	大旱魃（大和）、霖雨洪水、**大飢饉**、**餓死**（会津）
1568	永禄11	大風風損、**大飢渇**（大和）、大洪水（京都・武蔵）
1569	永禄12	三月大霰降る（紀伊）、四月大雪降る（陸奥）
1570	元亀1	大風、作毛皆損（会津・東海・甲斐）、霖雨洪水（肥前）
1571	元亀2	大疫（近畿）、疱瘡小児多死（能登）、夏霜雪降（常陸）、大風雨（諸国）
1572	元亀3	夏霜雹霰（諸国）、地震（京都）、炎旱（諸国）、大風雨（諸国）
1573	天正1	大風雨（京都・東国）、旱魃（会津）、日損、大洪水、**飢饉**（西国・九州）
1574	天正2	大旱（越後）、八月霜降、五穀不熟（上野）、風雨（伊勢）

西暦	年号	災害情報（カッコ内は情報源と発信地域）
1575	天正3	地震（常陸）、大風洪水（関東）、虫損（大和）、夏霜降（伊勢）、津浪不熟（陸奥）
1576	天正4	旱魃徳政（会津）、夏炎旱のち雹降損亡・洪水（山城）
1577	天正5	大疫病（能登）、地震（上野）、不作（武蔵）、大風（京都）
1578	天正6	麻疹流行（京都）、霖雨洪水（会津・京都・諸国）、大旱悪作（会津）
1579	天正7	大風洪水（関東・九州）、夏雹（武蔵）、諸国疫病、人多死（越後）
1580	天正8	諸国大疫病、多死（諸国）、秋霖雨大水（越中）、大風（京都）
1581	天正9	大雨洪水、水損（京都）、夏氷降る（越後）
1582	天正10	霖雨**飢苦**、疫病、大凶作（津軽）、大風雨、風水損（諸国）
1583	天正11	大風雨洪水、田地流損（諸国）、干損（武蔵・大和・日向）、大潮洪水（日向）
1584	天正12	大地震（京都・上野）、大旱魃（諸国）、洪水（日向）、秋大雨（近畿）
1585	天正13	**大飢饉**疫病（諸国）、大風大洪水（諸国）、地震、人畜多死（美濃）
1586	天正14	大風雨大洪水（諸国）、大地震（諸国）、旱魃（大和）
1587	天正15	大雨不熟（諸国）、麻疹流行（京都）、夏大雪（越後）、風干損（上野）
1588	天正16	疾疫流行（諸国）、七月大雪（美濃）、大雨水損（諸国）
1589	天正17	大雹降る（諸国）、祈雨（京都）
1590	天正18	八月大風（能登）、関東大雨（関東）、浅間噴火（信濃）、不作（遠江）
1591	天正19	夏大雨雹降（諸国）
1592	文禄1	大雨（山城）、阿蘇噴火（肥後）
1593	文禄2	諸国悪疫流行（諸国）、大風雨、諸国損亡（関東・京都）
1594	文禄3	疾疫流行（京都）、大風水損、五穀不熟（諸国）、人民餓死（越後）
1595	文禄4	洪水（畿内・陸奥・信濃）、氷損（関東）、夏大雪大雨、**日本飢饉、人民餓死**（越後）

1596	慶長1	夏秋大水、百年以来無比（関東・京畿）、地震人民死（諸国）、天変地妖（改元）
1597	慶長2	大雨（京都）、浅間噴火（信濃）
1598	慶長3	大風雨洪水、五穀損亡（諸国）、阿蘇噴火（肥後）
1599	慶長4	**日本飢饉**（越後）、大風雨洪水（諸国）、関東中も**餓死**（関東・遠江）
1600	慶長5	大乱行、国替

年表の年号表示は引用史料に拠っている。

飢饉出挙の伝承—北条泰時伝・断章

はじめに

かつて私は「寛喜三年餓死のころ」という、鎌倉幕府追加法一一二条（延応元年四月令—一二三九年、『中世法制史料集』一）に出合い、その衝撃の語り口と、意外な内容に心ひかれて、その追跡に没頭した。

その一端を、折から、畏友勝俣鎮夫氏の退官記念誌に、寄稿をしたことがあった（「生命維持の習俗三題」『遥かなる中世』一四、一九九五年。本書『飢餓と戦争の戦国を行く』には、この論文をもとにした講演録「中世の生命維持の習俗」『民俗学研究所紀要』二二、一九九八年を所収）。その折りに懇ろなお世話を下さったのは、当時、東京大学史料編纂所におられた、上杉和彦・中島圭一の両氏であった。

そのとき、冒頭の追加法の文言「餓死のころ」に突き動かされるように、「追加法」のサバイバル関係条項にのめりこんだ。その過程で、ふと目にした『太平記』や『明恵上人伝記』など、後世の著名な伝承にも、寛喜飢饉のことが語られているのに注目して、少し史料を集め言及した。だが、紙幅に限りがあったため、詳細にわたる伝承の紹介は割愛した。その後、自選の文集（前掲）にその講演録を収めたときも、想い出深い『遥かなる中世』誌上の拙稿の原型にこだわって、これらの情報の詳しい増補を見送りにしたのであった。

しかも、その後も気象災害や飢饉・疫病などのデータベース（一万四千項目余）を作り続けながら（私編『日本中世気象災害史年表稿』高志書院、二〇〇七年）、これら周知の二つの伝承を、私の災害史の目線で、改めて世に出せないだろうかと、思い続けてきた。

そこでここに改めて、かつて割愛した文章に少し手を入れて、ご披露したい。

寛喜飢饉の悲惨な様相

寛喜飢饉に関連する気象情報は、私のデータベースでみると、寛喜元（一二二九）年に二六件、同二年に一〇八件があり、問題の寛喜三年には九八件があり、貞永と改元される翌年にも三五件がある。つまり寛喜年中を併せると、二六七件（寛喜前年の四三件を併せると三〇〇件）の災害情報が集中しているのを、見て取ることができる。

ことに寛喜二〜三年の突出ぶりが印象的であり、追加法（前掲）の文言とは少しズレがあることに注意しよう。つまり寛喜元年以前に始まった飢饉が、翌二〜三年にわたって深刻さを増していった、という印象だからである。追加法に「寛喜三年餓死のころ」といわれた惨禍の背景には、このような推移が秘められていたことになる。

なお、貞永式目（関東御成敗式目）の成立は、このような「寛喜三年餓死のころ」という、大飢饉の直後の緊張をはらんでいたことにも、改めて思いを馳せなければならないのではなかろうか。

また、寛喜年中のデータ総数（前掲の災害史年表稿）は、延応元年四月令の背景にある、延応元～二年（途中で仁治と改元）の災害情報八〇件の、およそ三倍以上～四倍近い、という多さである。しかし延応の飢饉も、じつは無視できない深刻さをうかがわせている。ただ、ここでは、延応の飢饉に言及する余裕はない。

『太平記』「北野通夜物語」の伝承

ことに飢饉災害の集中した寛喜年中のこととして、鎌倉幕府執権の北条泰時のとった救済策については、様々なエピソードが伝えられる。そのうち二つだけを挙げて、読み深めてみよう。

ことによく知られるものの一つが、『太平記』巻三十五「北野通夜物語事」の、以下のような記事である（『日本古典文学大系』岩波書店、「北野通夜物語事」）。引用文中に、次の項でみる二つ目の伝承『明恵上人伝記』の記事と対比するために、段落ごとに①～⑥の記号を適宜、私に挿入する。二つの証言は、煩簡の差はあるものの、筋立てはとてもよく似ているからである。

サレバ寛喜元年ニ、天下飢饉ノ時、①借書ヲ調ヘ判形ヲ加ヘテ、富祐ノ者ノ米ヲ借ルニ、③泰時、法ヲ被レ置ケルハ、「来年、世立直ラバ、本物計ヲ借リ主ニ可二返納一、利分ハ、我添テ返スベシ。」ト被レ定テ、④面々ノ状ヲ被二取置一ケリ。⑤所領ヲモ持タル人ニハ、約束ノ本物ヲ還サセ、自二我方一、添二利分一、慥ニ返シ遣サレケリ。⑥貧者ニハ皆免シテ、我領内ノ米ニテゾ、主ニハ慥ニ被レ返ケル。

寛喜元年に天下が飢饉に襲われた。①そのとき、（北条泰時は）借用証文を用意し、署判をすえて、有徳人から米を借りた。③つまり泰時は緊急に法を定めて、こう指示した。もし来年、世間が飢饉を逃れられたら、本物つまり元本だけを、借りた者が貸し主に返せ。利子分は泰時が元本に添えて返してやろう。そう（借用条件を）定めて公表した上で、④借用を希望する人々の借状を、みな泰時が預かった。（やがて飢饉が収まると）⑤こうして所領などを持つほどの者には、約束通りに約束の元本（本物）を返却させ、泰時からは利子を添えて、慥かに返された。⑥貧しい者（凡下以下）には、元利を皆免して、泰時は自領の米を遣って、貸主には慥かに返却された。

なお、引用原典の頭注に、「寛喜元年・天下飢饉」について、若干の傍証を加えている。その委細については、自作のデータベース（前掲）に譲ろう。また「借書」に注して「借用の文書の形式を整えて、印判を書き加えて」と注している。また「富祐ノ者」については「福祐」（枳園）に同じと注している。また「本物」には元金に当たる物資と注している。
この伝承の寛喜元年という紀年も重要である。先に見た通り、寛喜元〜二年のデータ件数は、追加法にいう「寛喜三年餓死のころ」より突出して多く、寛喜三年飢饉の始まりの時期を、はっきりと示している。このデータの件数と、この「北野通夜物語」の記事の紀年とが、よく符合することに注目しておきたい。

『明恵上人伝記』の伝承

これとよく似た伝承は、『明恵上人伝記』（下、法隆寺本『大日本史料』五―六、三六七頁）に、もう少し詳しく語られている。なお、検証の便宜のため、ここでも文中に①〜⑥の記号を私に挿入する。傍注は『大日本史料』により、カタカナの濁点は私に付した。

寛喜元（三カ）年己丑（辛卯カ）、天下飢饉ナリシ時ハ、①鎌倉・京ヲ始トシテ、諸国ニ富メル者ニ云、我（泰時）ニ米銭以下、貸預ヨト被仰ル。命ニ随フ。②仍、其所・其村・其郡・其国ニ、餓死セントスル者ノ所望ヲ叶ヘ、願ニ随テ、ムラナク供シ給ケリ。③来年中ニ世立ナヲラバ、本物計、慥ニ返納スベシ。利分ハ我方ヨリ、添テ返サルベシト、法ヲ定メラレテ、④面々ノ状ヲ召ヲカレケリ。只配分シ給ハ、、所々ノ奉行モマギラカシテ、欠謀モ有ヌベケレバ、濫（ミタレカハシク）セザラシメンガ為ニヤ、賢コカリシ料簡ノ沙汰在之、⑤随而、世立ナヲリテ後、面々ニ返納スレバ、本ノ所領ナドモ有テ、便リ有人ヲバ、本物計リ納サセテ、本主ニ、約束ノマヽニ、我方ヨリ、利分ヲ添テ、慥ニ返遣サレケリ。⑥無縁□□聞ヘ有ル者ノヲバ免シ給テ、我領内ノ米ニテゾ、本主ニハ下シタビケル、

ここでは、寛喜元年（『大日本史料』は三年の誤記かとする）を「天下飢饉」の年としており、冒頭にみた追加法の寛喜三年より二年早くなっている。その大飢饉に直面したとき、①（北条泰時が）鎌倉や京都をはじめ、諸国の有徳人に命じて、私に米や銭を貸して欲しい、といった。かれらはこの命令に従った。②そこで、（泰時は）所（町場）や村々、郡や国で、餓死に貧している者の願いを聞いて、もれなく米銭を施した。③そして、彼らに、来年中に世の中が立ち直れば、元本だけはしっかり返納せよ。利子は自分が元本に添えて返すから、という法を定めた。④それを受け容れた人々からは、米銭と引き替えに借用証文をださせた。

こういう丁寧な措置を講じたのは、ただ米銭を配るだけでは、各地の奉行がごまかしてねこばばする危険があるからで、濫りなことが起きないように、賢明な措置であった、と噂されたという。

⑤こうして、やがて世の中が立ち直ると、米銭を借りた者たちが、返納に応じ始めたので、本領などがあって自立できる人々には、元本だけを返納させ、米銭の本主には、約束通り、元本に泰時側から利子分を添えて、確実に返納した。

⑥寄る辺ない者（無縁…聞こえある者）には、元本も免除してやり、米を貸してくれた本主には、

泰時が自領（伊豆・駿河か）内の米を支払ってやった。

以上が、寛喜飢饉さなかに「英敏を謳われた」と評される、四十歳代末ころの、北条泰時が行ったとされる、徳政の骨子である（上横手雅敬『北条泰時』吉川弘文館、一九五八年、飢饉対策については同書七六〜八三頁参照）。こうした利子付きの米は出挙米と呼ばれ、貞永元年（一二三二）までに立て替えた出挙米は九千余石に達したという（上横手著、前掲）。

北条泰時の危機管理システム

泰時は、そのすぐれた評伝（前掲、上横手著）が「承久の乱以上の難敵」と評したほどの、空前の危機（大飢饉）に直面した。そのとき泰時が採った危機管理策は、出挙システムの広汎な作動（少なくとも伊豆・駿河・美濃にわたる）を促すことであった。これらを「泰時の誠意」と上横手氏はいっている。

右にあげた二つの伝記は、そのことで共通している。両伝記は文脈が①〜⑥のように、ほぼ共通しているから、原出典はもと一つであったかと思われる。

強権発動による①有徳人（「倉稟を有する輩」『吾妻鏡』）から米銭の強制的な放出を求めたのではなく、飢饉が去った後には、所領など「頼りがある者」からは本米を返却させ、「頼りのない者」には、泰時が本利ともに支弁してやる、というのであった。

この出挙システムは、世間に通用する貸借手続きであった。④その貸借のさいに、借り主からは、正規の借状を泰時に提出させ、③利子補填は泰時が本主（有徳人）に保障した。

有力なリスク保障付き貸し付けであったから、貸借関係は安定し、利子も確保できるという仕組みであった。⑤によれば、諸国の富裕者は、この保障通り、所領をもつ者からは元本を回収し、利子の支払いは泰時が実行した。⑥によれば、貧しい者も、この危機管理システムに正当に位置付けられ、元利共に泰時が保障し弁済した。元利の肩替わりである。

この伝承が目を引くのは、泰時が手持ちの米を放出し、身銭を切って買米をして、それを放出して、飢えた人々を救った。そういう素朴な直接的な慈善（施し）美談に陥ることを免れているからであろうか。民間の富裕者に呼びかけ、出挙米の放出を求め、その返済のリスクを保障するという、経済政策を遂行した優れた政治家、という位置づけを与えられていたのであった。

政治的に元利の保障された貸し付けによって「倉稟を有する輩」はその経営を安定させ、あるいは拡大するだけの収益を確保し得たのであろう。①にいう、自分の借状と引き替えに、飢饉難民を救う米をかり集めたという話も、権力の一方的な強制によってではなく、正規の経済システム（金融秩序）を政治的に作動させ、出挙米を調達したというのであり、公平な政治家像を浮き彫りにする効果がある。

寛喜の大飢饉といっても、私の拙いデータベースで見る限り、飢饉や疫病情報には、地域的な偏りがあり、全国すべてが飢饉疫病に覆われた、とは言い切れないからである。

なお、『中世政治社会思想』上（新装版、岩波書店、一九九四年）はいう。『吾妻鏡』はこの政策について、

伊豆・駿河両国の間に出挙米を施し、その飢えを救ふべきの由、倉稟ある輩に仰せ聞かさる、といっており、自分の分国（得宗家の守護分国）である伊豆・駿河の百姓たちをだけを餓死から救うため、諸国の「倉稟を有する輩」に「出挙米を出して飢民を救え」と要請したのであり、「厳密には北条家法と称すべきもの」と、厳しい限定を付けている。

寛喜二年の大風以後の出挙

ただし、『吾妻鏡』貞永二年（一二三三）四月十六日条、つまり、寛喜の大飢饉の直後には、出挙の利子に関連して、次のように見えている（『新訂増補国史大系』33）。

大風以前出挙者、不論上下親疎、停止一倍、以五把利、可為一倍之由、被定、遍為令下知諸国、差定奉行人、被注遣六波羅云々、

一手

一手　宗監物孝尚(惟宗)　十ヶ国（国名略）
　　　治部丞宗成　九ヶ国（国名略）
一手　左衛門尉明定(坂上)　十一ヶ国（国名略）

この冒頭に「大風以前」というのは、寛喜大飢饉の引き金となった、寛喜二年八月八日の大風と冷害を指す。『吾妻鏡』同日条は「甚雨大風……草木葉枯、偏如冬気、稼穀損亡」（暴風雨と寒気で、穀物も立ち枯れてしまった）と記していた。また『明月記』は「北陸道之損亡、「寒気之故云々」、近年無如此事、……四国又損云々」（近年にない被害は寒気によるもので、北陸と四国の損亡がことにひどいそうだ）という情報もあった。『立川年代記』にも「大風・大雨、天下一同不熟、人民道路迷、餓死者不知数、人骸骨多々」（大風による全国的な不作で、餓死者が続出し、骸骨をさらしている）とあった。データベースには、同様な記事が累積している。この日はグレゴリオ暦で九月二十三日に当たり、米の収穫期に当たっていた。

この惨状となる以前を画して、それより手前（以前）に貸し付けられた出挙について、この貞永二年四月令は、元本の倍にのぼる高い利息を禁止し、五割を上限とすると、大幅な利息の圧縮を命じていた。

ここに下知の対象となったのは、六波羅所管の北陸・東海・近畿・中国・四国にわたる三〇か国（関東・東北・九州を除く）である。ただし、『中世政治社会思想』上は、関東分は別に定められたと推定している。なお、北陸・四国の大被害を伝える『明月記』によれば、これら三〇か国は激甚災害地域の広がりとも読む余地がある。『吾妻鏡』貞永二年七月九日条は、

大風以前出挙利陪（倍）事、為救窮民、被定減少之法、畿内・西国事者、被仰六波羅畢、

といい、この減少之法の措置は、被災窮民の救済策の一環であり、畿内・西国への通達は六波羅に一任された、と明記している。

つまり、この出挙の利息の「減少之法」は、明らかに広域にわたる公的な指令であり、泰時が執権として行った、おそらく全国的な救済措置であった。畿内・西国は激甚災害にさらされていた。この六波羅管理下のそれと、北条得宗領域に特化された出挙保障策とは、併せて一連の飢饉救済策として位置付けられるべきものであろう。

なお、東島誠氏は、①一方では、在地富豪層の自発性による共同体維持の機能といい、②他方では「出挙的原理＝強制的原理」による富裕層の負担とみた（「前近代京都における公共負担構造の転換」『歴史学研究』六四九、一九九三年）。

先にみたような、リスク保障付きの出挙が事実であったとすれば、「強制」と断定するのには、現代の金融危機の深刻さに鑑み、慎重な再検討の余地があるのではないか。

おわりに

「中世の利子率は無制限」であったとは、井原今朝男氏の雄編『中世の借金事情』（吉川弘文館、二〇〇九年）の焦点をなしている、印象深い文言である。これを参照すれば、出挙の利子率五割という「減少之法」が、いわば緊急の、しかも徳政の措置であったことは、疑う余地のないところであろう。二つの物語や伝記が、これを泰時の徳政として特筆した背景には、「中世の借金事情」から見て、十分に意義のある措置であった、という根拠があったに違いない。

なお、小考に直接する一節が、本書『飢餓と戦争の戦国を行く』三二〜三九頁に収められている。ご参照いただき、二つの作品を併せて、ご批判をいただければ、まことに嬉しいことである。

（『鎌倉遺文研究』第二四号、二〇〇九年）

「人間史」の構想―藤木久志の学問―

清水克行

北陸屈指の豪農として知られる奥能登の時国家(ときくに)について、民俗学者、宮本常一(一九〇七～八一)は、こんな文章を残している。

一般農民にとって日常くらしをたててゆくには、大きい家がなくてみんな同じような規模の経営をしていることが理想的である。ところが飢饉や天災などの場合、そういう村の力はよわい。大きいたくわえもないからである。だから、付近の村々は毎年モミ種を時国家にあずけておき、凶作の場合、モミ種まで食いつぶすことのないように気をつけ、また飢饉で生活に困ると時国家へ子供を売っている。つまり時国家は、この地方の社会保障の役割をはたしていたのである。(『庶民の発見』講談社学術文庫、元版一九六二年)

雪深い辺境の地で、絶大な経済力をもつ、たった一軒のボスの家が、自立のすべをもたない多くの弱小農家を半封建的に切りしたがえる寒々しい光景。それは、戦後の歴史学が最も忌み嫌った「地主制」そのものであり、そうした「封建遺制」はながく指弾の対象とされてきた。ところが、歴史学の〝常識〟から自由だった宮本は、地主の存在が当時の社会では実は「社会保障の役割」を果たしていたとして、むしろ肯定的に評価する。宮本は同じ本の他の箇所で、こうも述べている。

それは村として異質にみえるが、実は村が村としての生命を守るためには、一軒だけつよい力をもち、凶作などの打撃の支えになってもらわねばならぬためであった。……たんに階級分化というだけでなく、自然の脅威のつよい社会には、これがどうしても必要だったようである。（同書）

現代の価値観から、こうした非民主的な社会関係を非難するのはたやすい。しかし、つねに自然の脅威に翻弄される儚い〝生〟をいきた時代の人々にとっては、それはおのずと別の意味をもったのではないか。宮本は、こう問いかける。

本書『飢餓と戦争の戦国を行く』（原著、朝日新聞社、二〇〇一年刊）は、ながく戦国史研究の第一人者であった藤木久志（立教大学名誉教授。一九三三～　）が、この宮本の問いかけに共鳴して著した作品だという（著者が宮本の右の文章にインスピレーションをうけたことは、本書所収「中世の生命維持の習俗」の元となった研究論文「生命維持の習俗三題」『遥かなる中世』一四号・一九九五年、の末尾で告白されている）。このことの意味を考えるまえに、まずは若い読者のためにも、著者の研究のあゆみを簡単に紹介しておこう。

著者は戦国史研究者として、一九五〇年代から数多くの研究論文を発表しつづけ、つねに第一線で研究をリードしてきた（『戦国社会史論』東京大学出版会、『戦国大名の権力構造』吉川弘文館、など）。なかでも、一九八五年に刊行した『豊臣平和令と戦国社会』（東京大学出版会）は、学界に大きな衝撃を与え、その後の戦国史研究の流れを決定づけることになった著者の代表作である。そこで著者は、豊臣政権の発した惣無事令・刀狩令をはじめとする一連の治安立法を「豊臣平和令」と総称し、豊臣政権の全国統一の過程をたんなる軍事征服ではなく「自力の惨禍からの解放」として捉える新視点を提示した。また、それと前後して、村々が「自力」で生き抜くために作り出した様々な習俗も数多く再発見し、中世の民衆生活の具体像をより豊かなものとする研究も進めている（『戦国の作法』平凡社、『村と領主の戦国世界』東京大学出版会、など）。

そんな著者の名が一般読書界にも知られるようになったきっかけとしては、一九九七年刊行の『雑兵たちの戦場』（朝日新聞社）の刊行が大きい。そこでは、戦国時代の戦場で雑兵たちによって日常的になされていた掠奪や拉致行為を主題に据え、それまで英雄、豪傑が主役の戦国合戦のなかで、ただ逃げ惑うばかりの〝被害者〟としてしか描かれてこなかった民衆の姿を、よりたくましく、したたかな相貌をもつものへと転換させた。このまったく新しい戦国時代像に多くの読者は魅了された。その手応えをうけ、その後、著者は一般向けの著述に精力を傾け、岩波新書『刀狩り』『中世民衆の世界』や、本書『飢餓と戦争の戦国を行く』をはじめとする朝日選書の「戦国を行く」シリーズ（『戦国の村を行く』『新版　雑兵たちの戦場』『土一揆と城の戦国を行く』『戦う村の民俗を行く』『城と隠し物の戦国誌』）を次々に刊行している。これらの著作の登場により、一般社会の戦国時代イメージもそれ以前とは一変する。いまでもこの時代を舞台にしたマンガやドラマなどに、しばしば著者の研究の影響が色濃く見てとれることからも、その影響の大きさはうかがい知れよう。

著者の研究の魅力は多々あるが、一つには〈権力＝悪〉〈民衆＝善〉、あるいは〈権力vs民衆〉という硬直的な発想に必ずしも縛られず、リアルな社会の現実に肉薄するという点にあるだろう。豊臣政権の政策のなかに「自力の惨禍からの解放」の要素を見出したり、その逆に、弱い民衆がさらに弱い民衆を襲う、戦場の醜悪な現実を私たちに突きつけたのにも、そのことは象徴的に現われている。本書でも、鎌倉幕府の法令のなかに生命維持の習俗を見出す一方で、京都を襲う徳政一揆に折り目正しい民衆運動ではなく掠奪集団としての本質を見ている。そう考えれば、冒頭に紹介した、大地主が村のなかで「社会保障の役割」を果たしていた、という宮本常一の逆転の発想を柔軟に受け入れることができたのも、著者ならではのことといえるかも知れない。

ところが、そのために著者の研究は時として〝権力礼賛〟と誤解され、学界内で多くの的外れな批判を受けることにもなった。これは、誰よりも時の政治権力の動静に厳しく批判的な視座をもち、庶民生活の実相に共感とともに寄り添ってきた著者には心外な批判であったに違いない。そのため、自身の研究がそう理解されることを何よりも憂慮し、ある時期からの著者の仕事は〈善／悪〉の価値判断や〈権力vs民衆〉の階級関係をも無化させるような当時の社会を取り巻く大状況を復元することで、これまでの研究を補強しようという方向へと向かった。そのための主要な作業が、本書にも、その一端が紹介されている中世の飢饉・災害情報の収集であった。本書のなかで八年間かけて七〇〇〇件余りの蓄積と述べられた飢饉・災害情報の収集作業は、その後、さらに六年を経て一万四〇〇〇件余りにまで増大し、最終的には『日本中世気象災害史年表稿』（高志書院・二〇〇七年）に結実する。それは、宮本が、大地主が「社会保障の役割」を果たさざるを得なかった背景として指摘した「飢饉や天災」「自然の脅威」の現実を、歴史学の立場からつぶさに跡付ける作業だった。著者六〇～七〇歳代の貴重な時間をつぎ込んで作成された、この年表は質量ともに空前絶後の内容であり、この超人的な作業量をもって、著者は言葉なくして「危機のなかの中世」を語り、以後の無理解な批判を封殺したのである。

その後の新聞のインタビューで、著者は、次のように語っている。

私の研究は「人民闘争史の観点に欠ける」と批判されたこともあります。でも、私が追いかけていたのはいつも「人間史」でした。庶民が悲惨な状況をどう生き抜き、リーダーは役割をどう果たしたのか。人間たちがどうやって生きてきたかということの全体的なイメージを世の中に伝えたいと思っていました。（「人生の贈りもの」『朝日新聞』二〇一〇年三月四日夕刊）

過酷な環境のなかで人々がどのように生き抜いたのか。この壮大な「人間史」を構想することが著者終生の課題であり、本書の主題もまさにそこに収斂する。

「戦国を行く」シリーズのなかでも本書は、『雑兵たちの戦場』で描いた民衆世界の実態（「戦場の村」「九州戦場の戦争と平和」）を踏まえながらも、叙述を鎌倉時代（「中世の生命維持の習俗」）や、室町時代（「応仁の乱の底流に生きる」）、女性史（「中世の女性たちの戦場」）、被差別民論（「村の武力と傭兵」）に展開させており、著者の作品のなかでは最も幅広いテーマと時代をカバーし、著者の中世社会像の全貌を見わたすことのできるものとなっている。また、このたび本書が「読みなおす日本史」シリーズの一冊として復刊されるにあたっては、「中世の生命維持の習俗」の内容を補うため、著者が二〇〇九年に執筆した論文「飢饉出挙の伝承—北条泰時伝・断章」（初出『鎌倉遺文研究』二四号）が追加収録されることになった。これにより、読者はより本書の内容を深く理解することができるだろう（この他に著者が鎌倉時代の飢饉の実態に言及した論文としては、「饑餓と戦争の鎌倉時代」〔同編『京郊圏の中世社会』高志書院・二〇一一年〕がある）。

〈権力vs民衆〉という二項対立を越えて、人間社会が自然との格闘、人間同士の格闘のなかで、どのように営まれてきたのか。その著者のめざした雄大な「人間史」の構想に最も近づくことのできるのが、本書であるといえるだろう。

（明治大学商学部教授）

本書の原本は、二〇〇一年に朝日新聞社より刊行されました。

著者略歴
一九三三年　新潟県に生まれる
一九五六年　新潟大学人文学部史学科卒業
一九六三年　東北大学大学院文学研究科博士課程修了
聖心女子大学助教授、立教大学教授、帝京大学教授を歴任
二〇一九年　没

〔主要著書〕
『豊臣平和令と戦国社会』(東京大学出版会、一九八五年)、『戦国大名の権力構造』(吉川弘文館、一九八八年)、『雑兵たちの戦場』(朝日新聞社、一九九五年)、『刀狩り─武器を封印した民衆』(岩波新書、二〇〇五年)

飢餓と戦争の戦国を行く

二〇一八年(平成三十)六月一日　第一刷発行
二〇二三年(令和　五)四月一日　第二刷発行

著　者　藤木久志(ふじきひさし)
発行者　吉川道郎
発行所　株式会社　吉川弘文館
郵便番号一一三─〇〇三三
東京都文京区本郷七丁目二番八号
電話〇三─三八一三─九一五一〈代表〉
振替口座〇〇一〇〇─五─二四四
http://www.yoshikawa-k.co.jp/
組版＝株式会社キャップス
印刷＝藤原印刷株式会社
製本＝ナショナル製本協同組合
装幀＝渡邉雄哉

© Fujiki Kayoko 2018. Printed in Japan
ISBN978-4-642-06763-8

JCOPY 〈出版者著作権管理機構　委託出版物〉
本書の無断複写は著作権法上での例外を除き禁じられています．複写される場合は，そのつど事前に，出版者著作権管理機構（電話 03-5244-5088，FAX 03-5244-5089，e-mail: info@jcopy.or.jp）の許諾を得てください．

読みなおす日本史

刊行のことば

現代社会では、膨大な数の新刊図書が日々書店に並んでいます。昨今の電子書籍を含めますと、一人の読者が書名すら目にすることができないほどとなっています。ましてや、数年以前に刊行された本は書店の店頭に並ぶことも少なく、良書でありながらめぐり会うことのできない例は、日常的なことになっています。

人文書、とりわけ小社が専門とする歴史書におきましても、広く学界共通の財産として参照されるべきものとなっているにもかかわらず、その多くが現在では市場に出回らず入手、講読に時間と手間がかかるようになってしまっています。歴史の面白さを伝える図書を、読者の手元に届けることができないことは、歴史書出版の一翼を担う小社としても遺憾とするところです。

そこで、良書の発掘を通して、読者と図書をめぐる豊かな関係に寄与すべく、シリーズ「読みなおす日本史」を刊行いたします。本シリーズは、既刊の日本史関係書のなかから、研究の進展に今も寄与し続けているとともに、現在も広く読者に訴える力を有している良書を精選し順次定期的に刊行するものです。これらの知の文化遺産が、ゆるぎない視点からことの本質を説き続ける、確かな水先案内として迎えられることを切に願ってやみません。

二〇一二年四月

吉川弘文館

境界争いと戦国諜報戦　盛本昌広著　二二〇〇円

邪馬台国をとらえなおす　大塚初重著　二二〇〇円

百人一首の歴史学　関　幸彦著　二二〇〇円

江戸城 将軍家の生活　村井益男著　二二〇〇円

沖縄からアジアが見える　比嘉政夫著　二二〇〇円

海の武士団 水軍と海賊のあいだ　黒嶋　敏著　二二〇〇円

呪いの都 平安京 呪詛・呪術・陰陽師　繁田信一著　二二〇〇円

平家物語を読む 古典文学の世界　永積安明著　二二〇〇円

坂本龍馬とその時代　佐々木　克著　二二〇〇円

不動明王　渡辺照宏著　二二〇〇円

女人政治の中世 北条政子と日野富子　田端泰子著　二二〇〇円

大村純忠　外山幹夫著　二二〇〇円

佐久間象山　源　了圓著　二二〇〇円

源頼朝と鎌倉幕府　上杉和彦著　二二〇〇円

近畿の古墳と古代史　白石太一郎著　二四〇〇円

東国の古墳と古代史　白石太一郎著　二四〇〇円

昭和の代議士　楠　精一郎著　二二〇〇円

春日局 知られざる実像　小和田哲男著　二二〇〇円

伊勢神宮 東アジアのアマテラス　千田　稔著　二二〇〇円

中世の裁判を読み解く　網野善彦・笠松宏至著　二五〇〇円

アイヌ民族と日本人 東アジアのなかの蝦夷地　菊池勇夫著　二四〇〇円

空海と密教 「情報」と「癒し」の扉をひらく　頼富本宏著　二二〇〇円

（続　刊）

吉川弘文館
（価格は税別）

石の考古学
奥田　尚著
（続　刊）

江戸武士の日常生活　素顔・行動・精神
柴田　純著
（続　刊）

秀吉の接待　毛利輝元上洛日記を読み解く
二木謙一著
（続　刊）

吉川弘文館
（価格は税別）